DRINK DESIGN

L'art et la passion du cocktail

Pour voir les vidéos de recettes et d'expériences Drink Design, téléchargez l'application gratuite Lisez ! sur les stores IOS et Android. Quand vous repérez le logo, il suffit de scanner la page avec l'application pour lancer le contenu augmenté.

Cet ouvrage retrace l'histoire de la culture cocktail et de ses inspirations. Il ne constitue en aucune façon une apologie de la consommation de boissons alcoolisées.

Comité éditorial : Stéphanie Charvoz, Loïc Couilloud, Suzette Durand

Collaboration rédactionnelle : Suzette Durand, Clémentine Combe

Iconographie : Dalloula Haiouani

Conception graphique et mise en page : Antoine Laffolay

Photogravure : Les Caméléons, Paris

Fabrication : Axelle Hosten et Yanis Loisel

Vous pouvez consulter notre catalogue général et l'annonce de nos prochaines parutions sur notre site :
www.cherche-midi.com

92, avenue de France
75013 Paris

Dépôt légal : Novembre 2023

ISBN : 978-2-7491-7815-8

DRINK DESIGN

L'art et la passion du cocktail

Sous la direction de **Stéphanie Charvoz** et **Loïc Couilloud**

le cherche midi

avant-propos

Le monde de la mixologie est en perpétuelle effervescence. Le cocktail n'est plus seulement un mélange d'ingrédients ou une liste de recettes, c'est un art, qui revendique fièrement son passé mais ose aujourd'hui se transformer radicalement. Ce livre vous transporte dans les coulisses de ce monde magique et mystérieux, et vous en dévoile quelques secrets.

Profondément ancré depuis des siècles dans le mouvement et le dépassement des codes, l'art du cocktail et du drink créatif n'a pas de limite et se joue des règles et des conventions. Toute son histoire est un miroir des cultures de tous les pays, de tous les continents. La meilleure façon de raconter cet univers est de montrer comment des hommes et des femmes ont pu insuffler, à certaines époques, un tel sentiment de création et de liberté.

La France, pays d'art, d'émotions et de sensations, a distillé peu à peu sa culture unique dans nos boissons préférées. Certes, l'hexagone n'a pas toujours été considéré comme le pays phare de la culture cocktail, rôle traditionnellement attribué à l'Angleterre et aux États-Unis. Mais de manière subtile et élégante, la patrie du vin, du champagne, des liqueurs, mais aussi de l'excellence dans les sirops, ingrédients centraux en mixologie, a su imposer une vision différente du cocktail, plus libre et créative.

Le cocktail et le monde de l'art ont des liens que nous ne soupçonnons pas, et le rapprochement entre ces deux cultures est riche d'enseignements. Le cinéma, la musique, la peinture, la sculpture, l'architecture... ont façonné l'histoire du cocktail, ciselé son apparence, inspiré ses modes. Le cocktail est ainsi un art en soi. Comme tel, il a lancé des mouvements, et réciproquement, a lui-même été influencé par l'ensemble de ces arts.

Le Drink Design est le mouvement d'inspiration de ces dernières années.

À travers de nouvelles tendances, comme le No Alcohol/Low Alcohol, le cocktail évolue vers de nouvelles formes. La mixologie se transforme en véritable expérience sensorielle, avec en son cœur de nouveaux ingrédients : les spiritueux laissent la place aux sirops, aux distillats botaniques et autres hydrolats végétaux. Les barmen deviennent des artisans d'émotion.

Les Drink Designers de cette nouvelle génération, tels des artistes, cultivent la liberté d'expression du goût sous toutes ses formes en jouant avec de nouvelles palettes de saveurs, de couleurs, de textures. Ils ont soif d'audace, d'excellence et de créativité. Ils racontent une histoire à déguster, mettent en scène l'imaginaire, fusionnent les émotions et les sensations en unissant toutes les disciplines créatives (arts de la table, scénographie, design, pairing...).

Lancé par les sirops 1883 et un collectif d'experts renommés, le Drink Design se diffuse au-delà de nos frontières et fait rayonner la culture française à travers le monde.

Stéphanie Charvoz, Loïc Couilloud et une équipe de passionnés de la société Routin 1883, experte en mixologie depuis 140 ans, partagent aujourd'hui leur travail de recherche, d'écriture, autour de ces mondes de créativité et d'artistes qui nourrissent leur quotidien.

Larry Skoller, musicien et producteur de jazz et de blues, d'origine américaine, avec deux décennies d'expériences dans le domaine des spiritueux, a retracé avec délice et surprise les grandes étapes, les grandes notes de l'histoire du cocktail.

Ce livre se veut une nouvelle façon d'aborder le monde du cocktail et de partager ses transformations pour offrir au lecteur une parenthèse festive et créative.

Soyez les bienvenus dans l'ère du Drink Design : une ère au goût de liberté.

sommaire

OSER

INSPIRER

CRÉER

OSER

Le bar fonctionne à plein et les cocktails flottent sur des plateaux dans le parc, diffusant leurs parfums, si bien que bientôt l'air se met à vibrer de bavardages et de rires, d'insinuations nonchalantes, de présentations oubliées sur-le-champ et de rencontres enthousiastes entre femmes qui n'ont jamais connu leurs noms respectifs.
Les lumières deviennent plus brillantes à mesure que la terre se détourne du soleil : à présent l'orchestre joue une musique jaune cocktail et le chœur des voix monte d'un ton. De minute en minute, le rire devient plus facile, se déverse avec plus de prodigalité, bascule soudain sous l'effet d'un mot joyeux.

Francis Scott Fitzgerald / *Gatsby le magnifique*, 1925

UNE HISTOIRE AFFRANCHIE

Une extraordinaire aventure, c'est ce que nous raconte l'histoire des cocktails, ou plutôt les histoires, tant les ramifications de cette odyssée sont surprenantes, parcourant allégrement les continents, les siècles et les classes sociales. Une histoire qui nous mène des cabinets des alchimistes aux cloîtres des monastères, puis aux cales des premiers galions traversant les océans vers les Indes, avant de nous transporter sans transition dans les salons *so chic* de Kensington. Mais déjà, nous repartons vers les tripots de la Nouvelle-Orléans ou de Cuba, croisons la route d'un certain Al Capone, traversons l'océan pour nous encanailler à Saint-Germain-des-Prés, Venise, ou n'importe où, pourvu que l'imagination d'un barman nous offre la découverte enthousiasmante d'un nouveau cocktail !

Dès le XVIIIe siècle, le punch fait fureur au sein de la haute société en soif de saveurs exotiques et exclusives. Mais que l'on fasse ou non partie de la société mondaine, le punch est avant tout une célébration du partage et de la fête.
À gauche : L'actrice Maya Methot, 1932.
À droite : Les acteurs de la troupe Les Trois Stooges. Moe Howard (à gauche), Larry Fine (au centre) et Curly Howard (à droite).

TOUJOURS PLUS LOIN

Affranchie, stimulante et créative. L'histoire des cocktails ne pouvait être autrement, en raison même de sa nature : un mélange nouveau d'ingrédients souvent improvisé pour tirer parti de ce que l'on a sous la main. Comment transformer l'eau non potable en un breuvage agréable ? Comment faire du vin sans vin, meilleur que le vin ? Comment déguster de l'alcool quand il est interdit ? Aujourd'hui, alors que nous ne connaissons plus de frontières, le défi est le même : repousser les limites de l'imagination pour créer des goûts et des expériences inédits.

Bien sûr, l'historien rigoureux fait remonter l'origine du cocktail aux premières distillations, qui ont permis de fabriquer les élixirs vendus comme médicaments au Moyen Âge. Mais la création du premier « vrai » cocktail se situe vers l'an 1600, en Inde, lorsque l'on additionna à l'arak de l'eau, des agrumes et des épices pour tempérer la puissance de l'alcool avec la douceur des ingrédients. C'est l'essence même de la mixologie. Il est probable que les marins britanniques, à court de bière, aient découvert cette boisson, traditionnellement bue dans un bol, et l'aient très vite adoptée au cours de leurs pérégrinations en variant les recettes. Le punch (« cinq » en hindi) était né, avec ses cinq ingrédients : arak, thé, cannelle ou muscade, jus de citron, sucre.

TEMPÉRER LA PUISSANCE DE L'ALCOOL AVEC LA DOUCEUR DES INGRÉDIENTS.

> **Tout ce qu'il y a en nous d'idées, de sentiments, se réveille et s'avive comme la flamme du punch que l'on agite.**
> **Pierre Loti,** *Aziyadé,* 1879

L'histoire des cocktails regorge de « transgressions sociales », où des coutumes de pirates se retrouvent propulsées au rang de favoris de l'élite. Le

Le grand voyage du cocktail allait pouvoir commencer, non seulement dans les Indes, mais aussi dans toutes les Caraïbes, y compris les Antilles françaises, où le tafia remplace l'arak. Mais c'est à Londres que le punch va quitter les bas-fonds des ports pour les salons feutrés de l'aristocratie. Il faut dire qu'en Europe, les ingrédients qui le composaient étaient très onéreux : un citron coûtait l'équivalent de 8 euros actuels, 1 litre de punch représentait le salaire moyen d'une journée. Le bol à punch devient ainsi un signe de richesse ostentatoire, et la noblesse s'affiche avec des modèles toujours plus excentriques et somptueux lors des Flying Bowls, beuveries dorées où l'alcool coulait à flots.

rhum en est certainement un des exemples les plus spectaculaires. Considéré comme littéralement imbuvable et surnommé « Kill Devil », le rhum était donné aux esclaves et aux prisonniers comme fortifiant. Très fort et peu cher, il devient la boisson des pirates et autres boucaniers que les écumeurs des mers transportent de port en port, le partageant avec des voyageurs de tous horizons. Puis, la production s'améliore lentement et le rhum entame alors sa migration vers l'Europe, où il remplace avantageusement les autres bases du punch, ouvrant ainsi la voie à la grande démocratisation des cocktails, n'en déplaise aux pirates et aux lords anglais…

Grand Punch Bowl. Scène dans la galerie Waterloo du château de Windsor lors du baptême royal en 1844.

Punch planteur

- 20 ml de sirop d'orange 1883
- 60 ml de jus d'ananas
- 40 ml de rhum blanc agricole
- Quelques gouttes d'Angostura bitter
- 1 trait de rhum ambré agricole
- 1 tranche d'ananas
- 1 zeste d'orange

Dans un shaker, versez l'ensemble des ingrédients puis agitez vivement pendant 8 à 10 secondes. Filtrez au-dessus d'un verre tumbler rempli de glace. Garnissez d'une tranche d'ananas et d'un zeste d'orange et servez aussitôt.

VOUS PRENDREZ BIEN UN COCKTAIL ÉTYMOLOGIQUE ?

Si l'inventeur du premier cocktail restera à jamais un illustre – mais génial – inconnu, la recherche de l'origine du mot cocktail a tout de la quête du Graal. À première vue, cela semble simple. *Cock* (« coq »), *tail* (« queue ») : la queue d'un coq. Mais quel rapport avec un manhattan ou un gin tonic ? Ce serait en référence à une boisson colorée servie au XVe siècle lors des combats de coqs, aux queues multicolores. Une autre source remonte à une coutume lors de ces combats : le gagnant recevait une plume du coq vaincu ainsi que des boissons et des victuailles. Dans certains ouvrages, il ne s'agit nullement d'un coq, mais d'un paon, *peacock tail*. Dans la série animalière, il existe une autre version : il s'agirait d'une allusion aux queues des chevaux de course, enrubannées de liens colorés semblables à des plumes, ou bien, à l'inverse, comme le pense l'Académie française, d'une référence aux chevaux de course à queue coupée, comme celle des coqs, les *cocktailed horses*. Mais on voit mal le rapport avec les couleurs ambrées des punchs anglais… On trouve aussi une origine presque magique : une légende raconte qu'une princesse mexicaine, prénommée Xotcl, prononcé cocktail, servait un breuvage mystérieux à base d'ambroisie aux officiers américains en visite… Ses hôtes auraient confondu le nom de la jeune fille avec celui de la boisson. Enfin, certains puristes ne jurent que par le latin : le terme viendrait simplement de *aqua decocta*, ou « eau distillée »… Vraisemblable, mais légèrement décevant par rapport aux autres versions. Terminons par une piste sérieuse : l'origine française bien sûr ! Ce ne serait ni plus ni moins qu'une déformation anglaise de « coquetier », petit verre utilisé pour servir les liqueurs en France au XIXe siècle. Mais l'étymologie la plus documentée est celle de l'apothicaire bordelais Antoine Peychaud, installé à la Nouvelle-Orléans, qui préparait des boissons à base de bitter en mesurant les alcools dans des « coquetiers » à double face. Les Américains ont d'abord traduit par « coquetiel » avant d'adopter finalement « cocktail ».

NEW
MONICO
ROYAL
NIGHT
CINEMA
BAR
JAMAÏQUE
SUPERIOR
RHUM
VIEUX

VOYAGE

EN FOND DE CALE

Le cocktail est indéniablement une boisson de marins, d'horizons lointains et de rencontres improbables. Indissociable du voyage, il fait même souvent partie des bagages, les voyageurs apportant leurs recettes et leurs savoir-faire au cours des expéditions. C'est peut-être d'ailleurs un des tout premiers exemples de mondialisation, franchissant les barrières des langues et des coutumes. C'est encore le cas aujourd'hui, puisque l'on peut toujours faire le tour du globe avec le même lexique des cocktails…

TOUS LES CHEMINS MÈNENT AU RHUM

Nous avons laissé le rhum au sommet de son triomphe britannique, mais son influence géopolitique ne s'arrête pas là. De leur côté, les Français ont également contribué à l'amélioration de la production et à son exportation vers les ports hexagonaux. Et ils n'ont pas été les seuls à s'emparer de ce marché : les colons américains ont fait du rhum leur premier produit d'exportation, à tel point qu'il fut surnommé « l'alcool qui a construit l'Amérique ». Les Occidentaux ont vite été séduits par ce spiritueux, symbole de leur empire colonial, qui est devenu un enjeu économique.

Le rhum a également ses héros controversés, dont l'inventeur du célèbre mojito. Au XVIe siècle, le célèbre corsaire anglais Francis Drake, dit « El Draque » (le dragon), et son équipage sirotaient des feuilles de menthe pilées avec du tafia – l'ancêtre du rhum – entre deux pillages au large de La Havane. Au fil des siècles, le tafia est remplacé par du rhum de meilleure qualité et le citron vert est ajouté au mélange. « Mojo » désignant une mixture à base de citron, le draque est alors rebaptisé le « mojito ». Aujourd'hui, c'est la boisson emblématique de la culture cubaine, et le rhum l'un des principaux produits d'exportation de l'île.

L'ALCOOL QUI A CONSTRUIT L'AMÉRIQUE

À gauche : Artiste anonyme, publicité pour le rhum Jamaican Superior. Collection privée.

Moscow mule

- 20 ml de sirop de ginger beer 1883
- 40 ml de vodka
- 70 ml d'eau pétillante
- Optionnel : quelques gouttes d'Angostura bitter
- Décoration : 1 tranche de citron vert

Dans une timbale remplie de glaçons, versez le sirop, la vodka, l'eau pétillante et le jus de citron. Remuez doucement à l'aide d'une cuillère à mélange pendant 2 ou 3 secondes. Ajoutez 3 ou 4 glaçons. Disposez la tranche de citron vert dans le verre et servez aussitôt.

À la fin du XVIIIe siècle, les Anglais ont eu l'idée d'utiliser le gingembre produit dans leurs colonies indiennes pour créer une alternative sans alcool à la bière : c'est l'acte de naissance du ginger beer. Si on le boit dans une timbale en cuivre, ce n'est pas seulement par goût de la tradition, mais pour préserver sa fraîcheur et ses bulles.

TOUR DU MONDE À DOS DE MULE

Depuis les colons et les pirates du XVIIe siècle, les cocktails ont suivi les routes des voyageurs nomades en quête d'un nouveau destin…

Après la révolution de 1917, certains Russes s'exilent aux États-Unis, apportant dans leurs valises de la vodka, encore méconnue de l'autre côté du Pacifique. Quelques décennies plus tard, dans les années 1950, c'est le ginger beer (gingembre fermenté) qui fait son apparition. Malheureusement, ces deux boissons ne semblent pas convenir aux palais subtils des Américains et se vendent très mal. Alors un soir, dans un bar, un vendeur de ginger beer et un vendeur de vodka décident de mélanger leurs deux verres et d'y ajouter du jus de citron et quelques glaçons. Le premier Moscow mule est né !

Depuis, chaque pays tente d'adapter le cocktail aux ingrédients locaux. Le plus populaire est le London mule, dans lequel la vodka est remplacée par du gin, mais il existe également le Lisbon mule (avec de la liqueur Beirao), le jamaican mule (avec du rhum), le mexican mule (avec de la tequila) ou encore l'irish mule, à base de whisky, évidemment !

Il y a un nouveau drink qui fait un malheur dans la communauté du cinéma en ce moment. Ça s'appelle « Moscow mule ».

Inside Hollywood, 1942

Pisco sour

- 20 ml de sirop de sucre de canne 1883
- 60 ml de Pisco
- 30 ml de jus de citron frais
- 1 blanc d'œuf
- 2 ou 3 gouttes d'Amargo bitter
- 5 ou 6 glaçons

Dans un shaker rempli de glaçons, versez le Pisco, le jus de citron, le sirop et le blanc d'œuf. Agitez vivement celui-ci pendant 8 à 10 secondes, puis filtrez au-dessus d'un verre à pied à l'aide d'une passoire à cocktails. Ajoutez 2 ou 3 gouttes d'Amargo bitter et servez aussitôt.

MIX(OLOGIE) CULTUREL(LE)

Le Moscow mule n'est pas un cas isolé : si chaque pays a son cocktail emblématique, toutes les recettes ont continué de s'exporter et de se modifier au gré de la circulation des hommes, des savoirs et des marchandises, jusqu'à nos jours. L'incontournable spritz, emblématique de la dolce vita italienne, proviendrait d'un caprice de soldat. Au XIXe siècle, Venise était sous influence autrichienne et ces messieurs les soldats trouvaient le vin italien trop fort à leur goût. Ils demandaient alors aux barmen d'arroser, *spritzen* en allemand, leur vin avec un peu d'eau. C'est de ce geste qu'est né le spritz !

Surnommé « summer cup », le pimm's cup est l'équivalent du spritz... pour les Anglais ! En 1823, le restaurateur James Pimm offrait cette liqueur comme digestif dans son bar à huîtres pour fidéliser ses clients. Ces derniers l'ont tellement appréciée que la boisson s'est diffusée dans toute l'Angleterre. Aujourd'hui, le pimm's cup est un cocktail à base de gin et d'épices qui se déguste avec de la limonade fraîche.

Les Irlandais, quant à eux, se distinguent avec l'irish coffee, leur célèbre cocktail chaud. Inventé durant la Seconde Guerre mondiale, c'était à l'origine une boisson réconfortante destinée aux militaires atterrissant à Foynes, en Irlande, d'où partaient et arrivaient de 1939 à 1945 les premiers vols transatlantiques d'Amérique du Nord. L'irish coffee sera lui-même revisité plus tard par un barman américain, qui remplacera la crème liquide par de la crème chantilly.

Péruvien, chilien ou américain, le pisco sour ? Les trois ! Si la base est le pisco, une eau de vie produite au Chili et au Pérou, c'est un barman américain qui l'a inventé à Lima. La recette a ensuite été améliorée par un bartender péruvien, qui a ajouté de l'Angostura et du blanc d'oeuf.

COCORICO

Le meilleur pour la fin : le kir français ! C'est un serveur du café Montchapet qui a eu l'idée d'améliorer un vin blanc ordinaire avec de la crème de cassis en 1904. Mais même les cocktails peuvent faire l'objet d'une récupération politique : le maire de Dijon attribua la paternité de cette boisson à l'un de ses conseillers municipaux pour le récompenser des services rendus. Ce dernier lui aurait en effet conseillé de servir ce cocktail (moins onéreux que le champagne) durant les festivités.

En haut, à gauche : Deux jeunes femmes dégustant un cocktail en été, vers 1945. *À gauche :* Le bar Palm Tavern à Chicago, vers 1941. *En haut, à droite :* Affiche publicitaire pour une marque de vermouth avec en vedette une *modern girl*, vers 1920.

LE JAPON, À LA SOURCE DU REVIVAL DES COCKTAILS ?

Kanzen : la perfection, l'achèvement. C'est ainsi que le Japon considère le cocktail. Obsession du détail, maîtrise absolue du geste, choix du bon instrument pour un rituel presque aussi spirituel que gustatif. Pendant longtemps, le Japon est resté une « capsule temporelle » préservant jalousement le savoir-faire des barmen des années 1920.

C'est sur cette base unique que depuis quelques décennies les bartenders japonais ont proprement révolutionné l'univers du cocktail. Ils y ont ajouté l'art, fondamental selon eux, de la taille de la glace, une créativité inouïe dans les ingrédients ou la réinvention de grands classiques comme le highball, à base de whisky japonais. Ginza, la ville-temple du culte du cocktail, est le graal de tous les mixologues occidentaux. Mais attendez-vous à un apprentissage ingrat, car aucun geste de ce cérémonial n'est gratuit. Par exemple, si le jigger japonais est plus fin, c'est pour verser plus lentement, et que le geste, millimétré, soit visuellement impeccable. Quant à la taille des fameux ice balls, elle en décourage plus d'un. _Kanzen_, vous dit-on !

VOUS AVEZ DIT PROHIBITION ?

Boire un cocktail alcoolisé – avec modération – semble un acte bien innocent de nos jours. Pourtant, cela relèverait presque du miracle, tant les ingrédients principaux de cette boisson ont exacerbé les passions et déchaîné les porte-drapeaux de la morale à travers l'histoire. De restrictions en prohibitions, la culture des cocktails s'est pourtant irrésistiblement diffusée, soufflant un vent d'interdit et de liberté sur tous les continents.

QUAND L'ONCLE SAM EST À SEC

L'histoire est connue, mais l'époque n'a jamais cessé d'abreuver les fantasmes. Le 29 janvier 1919, le 18e amendement de la constitution des États-Unis est ratifié, interdisant la production, la vente et l'achat de boissons dont la teneur en alcool excède 0,5 degré. C'est l'acte de naissance de la Prohibition, qui pendant quatorze ans bannira l'alcool des tables et des bars américains – en théorie du moins. Car le décalage entre la doctrine officielle et l'opinion publique fait le lit du commerce clandestin. C'est l'époque d'Al Capone à Chicago, de la pègre et des speakeasies. Le cocktail y est roi, bu de préférence dans le verre à martini, qui fait son apparition dans les *Roaring Twenties*, les Années folles américaines. Sa forme évasée n'a pas seulement une visée esthétique : elle permet, en cas de descente de police, de renverser le contenu du verre facilement et en toute discrétion.

C'EST L'ÉPOQUE D'AL CAPONE À CHICAGO, DE LA PÈGRE ET DES SPEAKEASIES.

L'histoire recèle peu d'exemples de politique publique moins efficace que la Prohibition. À la fin des années 1920, New York compte ainsi plus de 30 000 débits de boissons illégaux. À l'échec social s'ajoute l'échec financier, peut-être plus décisif encore dans l'abandon de cette mesure impopulaire. Tandis que le budget du gouvernement pâtit du manque à gagner sur les taxes de la vente d'alcool, l'organisation d'Al Capone récolte à elle seule 120 millions de dollars entre 1925 et 1930. Au plus fort de la crise des années 1930, il n'est plus question de négliger cette manne financière : en 1933, la Prohibition est levée et l'alcool peut à nouveau être taxé.

VOUS AVEZ DIT MARTINI ?

Avis aux amateurs : ne pas confondre martini et Martini ! Ce dernier est une marque de vermouth, Martini&Rossi pour être exact, alors que le martini est le nom générique d'un cocktail, probablement né en 1884, en Californie, sous l'appellation de « martinez ». En 1888, on le retrouve dans un guide des cocktails sous le nom de « dry martini », peut-être sous l'influence de la célèbre boisson italienne, mais la recette classique, gin et vermouth sec, a été interprétée de mille façons : avec du Noilly Prat ou du Lillet par exemple, ou en remplaçant le gin par la vodka.
Quoi qu'il en soit, c'est désormais une institution en matière de cocktail : boisson favorite de Churchill et de Roosevelt, c'est bien sûr avec des martinis que la Maison-Blanche célébra la fin de la Prohibition !

À gauche : Robert de Niro dans *Les Incorruptibles* de Brian de Palma, 1987.
Ci-contre : Des agents d'interdiction devant un alambic et des bocaux Mason. Washington, novembre 1922.

Un bar à cocktails
à Chicago, en 1948.

Je prends soit un cucumber martini, un gin martini ou une vodka martini. C'est tout. C'est simple.

Robert de Niro

Pornstar martini

- 10 ml de sirop de vanille 1883
- 30 ml de Création Fruits fruit de la passion 1883
- 20 ml de liqueur de fruit de la passion
- 40 ml de vodka
- ½ fruit de la passion
- 1 shooter de champagne

Dans le shaker rempli de glaçons, versez la liqueur de fruit de la passion, la vodka, la purée de fruit de la passion et le sirop de vanille. Agitez vivement pendant 8 à 10 secondes, puis filtrez au-dessus d'un verre à martini à l'aide d'une passoire à cocktails. Placez la moitié de fruit de la passion dans le verre. Servez aussitôt, avec le shooter de champagne à côté.

Une femme assise
sur le comptoir d'un bar
lève son verre pour
un toast, vers 1940.

Pink lady

- 10 ml de sirop de grenadine 1883
- 20 ml de jus de citron
- 40 ml de gin
- Variante : pour un cocktail jack rose, remplacer le gin par du calvados.

Versez tous les ingrédients dans un shaker rempli de glaçons. Agitez vivement pendant 8 à 10 secondes, puis filtrez au-dessus d'un verre à martini à l'aide d'une passoire à cocktails. Servez aussitôt.

PROHIBITION SANS FRONTIÈRES

Si la prohibition américaine est la plus fameuse, nombre de nations ont tenté de restreindre la consommation de spiritueux. La Loi de tempérance du Canada, adoptée en 1878, autorisa les municipalités à interdire la vente d'alcool sur leur territoire. Et il ne faut pas s'y tromper : l'interdiction de consommer de l'alcool n'est pas l'apanage des Anglo-Saxons. C'est ainsi qu'en 1915, la France interdit l'absinthe, la « fée verte » qui rend fou ; une mesure qui ne sera levée qu'en… 2011, mais avec toujours d'importantes contraintes de production. La prohibition a même son pendant russe : entre 1914 et 1925, la *soukhoï zakon* – « loi sèche » – interdit la vente au détail de vodka. Mais quel que soit le terrain, la conclusion est la même : les digues n'empêchent pas l'alcool de couler bien longtemps.

Les Anglais en ont fait l'expérience plus tôt que leurs cousins outre-Atlantique. Dès 1736, le Gin Act voté par le Parlement de Grande-Bretagne avait l'ambition d'endiguer la *Gin Craze*, la « folie du gin » qui s'était répandue dans la société avec la démocratisation de cette boisson. Mais la taxe sur la vente au détail et la création de licences annuelles sont des remparts bien minces contre l'ivresse du crime et le crime d'ivresse. Aussi le capitaine Dudley Bradstreet se mit-il à fabriquer en toute illégalité un gin vieilli en baignoire. Il entreprit ensuite de le distribuer aux passants avertis à travers la gueule d'un chat peint sur sa façade, surnommé « Tom ». Il suffisait de miauler devant l'animal ; si le chat répondait « Miaou », on pouvait introduire une pièce dans sa bouche et tendre son verre : un tuyau apparaissait pour distribuer une dose de gin. C'est en l'honneur de ce chat noir que fut baptisé l'Old Tom Gin, qui entre aujourd'hui encore dans la recette traditionnelle du Tom Collins.

Il ne fallut pas attendre bien longtemps pour que le gouvernement britannique renonce à contraindre la vente de gin. Devant le constat de son inefficacité, le Parlement abolit le Gin Act en 1743.

Le gin tonic a sauvé plus de vies et d'esprits anglais que tous les médecins de l'Empire.

Winston Churchill

Les héros conventionnels boivent des boissons conventionnelles, pures et sans mélange. Dans *Les Incorruptibles*, de Brian de Palma, le très intègre Sean Connery se laisse même aller à déboucher une bouteille de whisky dès qu'il se retrouve seul dans son appartement. Mais à l'inverse, les cocktails restent associés dans la culture populaire à l'atmosphère sulfureuse des Années folles, comme si la pureté des intentions du buveur était en question dès lors qu'il s'adonne à des mélanges. Peut-être parce qu'un cocktail dissimule mieux l'alcool qu'il contient sous la couleur, le sucre et la glace ? Ou peut-être parce que si boire un whisky sec ou un verre de vin est une action banale, déguster un cocktail suppose du temps, plus de moyens… en bref, plus de pouvoir. De fait, tous les plus grands gangsters ont fait des cocktails leur boisson fétiche, dans la réalité comme à l'écran.

DISSOLUTION DISSOLUE

COCKTAIL POWER

Les plus grands professionnels de la carrière du crime ont visiblement tous inspiré les barmen : ainsi Lucky Luciano et son comparse Meyer Lansky, qui donnèrent leurs noms au Lucky's manhattan et au Meyer Lansky sour. Al Capone *himself* serait à l'origine du cocktail southside, nommé comme le quartier sud de Chicago sur lequel son organisation étendait son contrôle.

Sans surprise, Hollywood a su faire fructifier cet imaginaire sulfureux dans tous les films de mafieux. Coup de projecteur sur les cocktails les plus crapuleux de l'histoire du cinéma.

« Comment on dit banana daïquiri en espagnol ? » La réponse coule de source : « banana daïquiri ». Mais lorsque c'est Al Pacino – alias Michael Corleone dans *Le Parrain 2* – qui le dit, il y a de quoi marquer l'aficionado des films de mafia. Le plus mafioso des héros de cinéma a d'ailleurs inspiré le cocktail godfather : deux doses de whisky pour le côté anglo-saxon, une dose d'amaretto qui fleure bon l'Italie et l'amertume du pouvoir. Mais pour Tony Montana (Al Pacino toujours), ce sera plutôt une piña colada sous le soleil de Miami. Pour celui qu'on surnommera « Scarface », comme Al Capone avant lui, « *this is paradise, I'm tellin' you* » (« C'est le paradis, c'est moi qui te le dis. »)

Ci-dessus : Essayez un cocktail censuré, coquin mais délicieux, affiche du théâtre Columbia à San Francisco, en 1936.
À gauche : James Cagney dans *Les fantastiques années vingt* de Raoul Walsh, 1939.
À droite : Clients dans un bar de Philadelphie fêtant la fin de la Prohibition, décembre 1933.

LES SPIRITUEUX, UNE QUÊTE SPIRITUELLE ?

Si la Prohibition a associé les cocktails aux gangsters, il n'est pas exagéré de dire que les spiritueux sont nés sous des auspices bien plus sages... Certaines vapeurs d'alcool ont même à l'origine des odeurs de sainteté. La légende raconte ainsi que l'Irlande doit à saint Patrick d'avoir rapporté d'Égypte, en l'an 432, l'invention qui allait faire de l'île la capitale du whisky : l'alambic. Suivant son pieux exemple, ce sont des moines qui ont perfectionné et diffusé l'art de la distillation dans le Nord de l'Europe. Certains en ont même conservé le monopole, à l'instar des moines de la Grande-Chartreuse qui, depuis 1605, demeurent les seuls dépositaires de la recette de la liqueur qui porte leur nom. En 1430, dans le monastère de Tchudov, en Russie, c'est également un moine qui créa la vodka.
Malgré les pieuses origines de la plupart des alcools, c'est sur les bancs des lieux de culte que la Prohibition trouva ses plus fervents défenseurs. Mais si les protestants y étaient volontiers favorables, les catholiques faisaient preuve d'un enthousiasme bien plus modéré. Et pour cause : il n'est pas possible de célébrer une messe catholique sans boire du vin.

ENTRE LE JAZZ ET LA JAVA

De Montmartre au Quartier latin, en passant par Saint-Germain-des-Prés, Paris est la ville où il fait bon vivre. Cette réputation ne date pas d'hier : à l'époque de Toulouse-Lautrec ou pendant les Années folles, la Ville Lumière était déjà un lieu de rencontres cosmopolite pour les artistes, baignant dans la musique et les plaisirs. Le cocktail est le parfait symbole de cette ouverture et de cette formidable vitalité, et Paris en est sans conteste l'une des capitales.

COMMENT FAIRE TREMBLER LA TERRE ?

Les prémices de l'âge d'or français du cocktail prennent racine dans la Ville Lumière au XIXe siècle. Dès 1880, le peintre Henri de Toulouse-Lautrec consacre une partie de son œuvre à peindre l'euphorie de la vie parisienne. Mais il est également célèbre pour son amour de l'alcool, dont sa santé fait malheureusement les frais. Il aimait mélanger l'absinthe et le cognac, cocktail explosif qu'il dissimulait dans sa canne. C'est à lui que l'on doit le cocktail « tremblement de terre », un mélange de liqueurs différentes selon les versions, mais toujours à base d'absinthe. Cette liqueur à base de plantes, à l'origine médicinale, serait née il y a des milliers d'années en Égypte ancienne. En France, elle est accusée de rendre fou ses adeptes, et sa consommation est interdite de 1915 à 2011. Mais les véritables dangers de la fameuse « fée verte » étaient plutôt sa consommation excessive et sa forte concentration en alcool.

> **Un cocktail, des Cocteaux.**
>
> Sobriquet attribué à **Raymond Queneau et André Breton** au début des années 1920, quand la rumeur disait que Jean Cocteau tenait un bar à Paris.

IL N'Y A PLUS D'APRÈS À SAINT-GERMAIN-DES-PRÉS

Si la Grande Dépression marque la fin des Années folles, la culture du cocktail continue de se diffuser. Après Montmartre et Montparnasse, c'est Saint-Germain-des-Prés qui devient le cœur de la vie culturelle et mondaine. Le quartier est également l'un des berceaux du jazz en France, où s'installent des clubs réputés, comme Le Caveau de la Huchette, qui a vu se produire des artistes comme Art Blakey ou Bill Coleman, ou encore le Club Saint-Germain. Dans les esprits, Saint-Germain-des-Prés est encore synonyme de cabarets, de nuits endiablées, de jazz et, aujourd'hui, d'un spritz contemporain qui lui rend hommage, à base de liqueur de sureau. Bien connue des pays nordiques, où l'on consomme traditionnellement la fragile fleur blanche sous forme de vin ou de cordial, la liqueur de sureau connaît depuis quelques années une vogue qui ne se dément pas.

À gauche : Édouard Manet, *Un bar aux Folies Bergères*, huile sur toile, 1881. Londres, Institut Courtauld. *Ci-dessus :* Joséphine Baker dans un bar en 1949.

Il faut croire que les artistes ont le goût du danger : Van Gogh, Rimbaud, Picasso, Verlaine ou encore Hemingway appréciaient particulièrement l'absinthe, avec plaisir mais lucidité. Oscar Wilde disait à son sujet : « L'absinthe apporte l'oubli, mais se fait payer en migraines. Le premier verre vous montre les choses comme vous voulez les voir, le second vous les montre comme elles ne sont pas ; après le troisième, vous les voyez comme elles sont vraiment. »
Avec une telle réputation, il n'est pas étonnant que l'absinthe soit la base de beaucoup de cocktails iconiques, dont le fameux sazerac, remis au goût du jour par le film *Drunk*.

Mimosa

- 10 ml de sirop d'orange 1883
- 30 ml de jus d'orange filtré
- 80 ml de champagne brut
- Décoration : 1 zeste d'orange non traitée

Dans une flûte à champagne préalablement rafraîchie, versez le jus d'orange et le sirop puis, délicatement, le champagne. Remuez doucement à l'aide d'une cuillère à mélange pendant 2 ou 3 secondes.
Faites une entaille dans le zeste d'orange et disposez-le sur le rebord du verre.
Servez aussitôt.

Le célèbre restaurant Le Dôme, boulevard du Montparnasse à Paris, dans les années 1920.

Stars and stripes : dans un verre-flûte, versez, sans mélanger, crème de Noyau, marasquin, Chartreuse jaune, curaçao et verre fine champagne. Voilà pour les raies. Quant aux étoiles, vous les apercevrez aussitôt que vous aurez lampé d'un seul coup cette spiritueuse polychromie.

Alphonse Allais,
Le Captain Cap, ses aventures, ses idées, ses breuvages, 1902

PARIS EST UNE FÊTE

Au moment de la Prohibition, les Américains fuient les États-Unis et Paris apparaît comme le paradis perdu : le dollar est une monnaie forte, et la capitale est réputée pour sa célébration de la culture et de la diversité. Les barmen et les musiciens américains, qui cherchent à exercer leur profession plus librement, s'installent alors à Paris en grand nombre et laissent leur empreinte dans la culture française. Les touristes de l'époque sont d'ailleurs friands d'endroits similaires aux bars américains avec un large choix de cocktails, préparés par un barman afro-américain au son d'un groupe de jazz.

De nombreux artistes – entre autres, Joséphine Baker, Ernest Hemingway, Francis Scott Fitzgerald, Salvador Dalí – viennent également à Paris partager un mode de vie moderne et tolérant. Ils se rencontrent dans les bars et les cafés de Paris, dont l'un des plus emblématiques est le Harry's New York Bar. Bistrot à l'origine, il a été transformé par un jockey américain en bar, où seraient nés de nombreux cocktails comme le bloody mary, en 1921, mais aussi le 75.

Créé en 1931, le Forvm Classic Bar est le second plus vieux bar à cocktails de Paris. Installé à l'époque sur le boulevard Malesherbes, il a migré rue du Louvre, mais il conserve les éléments qui le caractérisaient à l'époque : ses boiseries d'origine, son ambiance tamisée et surtout son comptoir art déco emblématique, où seules les étagères sont éclairées afin de faire briller les bouteilles de mille feux. Enfin, on ne peut parler de la rive droite sans citer un autre temple du cocktail : le célèbre bar du Ritz, berceau du non moins célèbre mimosa, une création parisienne au même titre que the rose, le side-car et tant d'autres cocktails qui ont conquis le monde...

FROM FITZGERALD TO GATSBY

Quel meilleur nom pour un bar à cocktails que « Hemingway » ou « Gatsby », du nom du héros de Francis Scott Fitzgerald ? Un siècle après, la simple évocation de ces deux écrivains reste la promesse d'un univers hors norme, où la fête devient un art de vivre, où tout se conjugue au superlatif, la démesure comme le talent...

Ci-contre : Réception cocktail pour le magazine *Femina*, avril 1930. Lithographie couleur. Collection privée.
À droite : Elia Suleiman dans *Sept jours à la Havane*, 2012.

Au-delà de la légende des écrivains inspirés par l'alcool, si Ernest Hemingway et Francis Scott Fitzgerald continuent de fasciner les jeunes générations, c'est qu'ils incarnent le passage du vieux monde à la modernité. Ils sont le lien entre plusieurs cultures, de l'Amérique profonde à l'intelligentsia new-yorkaise, du cosmopolitisme du Sud à l'explosion artistique européenne.

Le carburant de ces amis parfois contraires ? Un mélange explosif : la guerre et l'excès, la gloire et le tourment, la créativité et l'angoisse, la Prohibition et l'audace. Il n'est pas exagéré de dire que leur passion pour les cocktails reflète aussi une quête permanente de liberté, souvent provocante, toujours insolente. Leur vie, comme les romans, sont le « chaînon manquant » de l'histoire des cocktails, entre la Prohibition puritaine américaine et la permissivité des modes de vie parisiens.

Le cocktail n'est pas une addition, c'est l'art d'additionner !

Louis Delluc, *écrivain et cinéaste*

Pour ces deux-là, le cocktail était tout sauf un détail : c'était une attitude. Éric Neuhoff a dit qu'il n'y avait pas que de l'encre dans le stylo de Francis Scott Fitzgerald, et il est vrai que l'alcool irrigue littéralement son œuvre, notamment *Gatsby le Magnifique*, son roman iconique. Le héros est un mystérieux bootlegger, un trafiquant d'alcool qui commande des highballs (whisky tonic) en pleine Prohibition. Mais le cocktail fitzgéraldien par définition est le gin rickey, à base de gin, citron pressé et eau gazeuse. S'il aimait tant le gin, c'est qu'il était persuadé que celui-ci était indécelable dans l'haleine, mais aussi parce que le gin est la base idéale pour un cocktail, se mariant avec tout !

De la fiction à la réalité, et vice-versa, Francis Scott Fitzgerald et Zelda, son épouse, vont littéralement se perdre dans l'alcool, avec élégance et application. Mais entre Paris et l'Amérique, ils auront hissé le cocktail au rang d'emblème de toute une génération, comme un signe de joie de vivre et de force vitale, quoi qu'il en coûte.

Cet excès dans la passion, c'était aussi le rayon d'Hemingway. S'il adorait Cuba, il aimait au moins autant le rhum, et particulièrement le mojito et le daïquiri, deux cocktails dont il a assuré la gloire éternelle. Le barman du Florida, à La Havane, raconte que « Papa », le surnom de l'écrivain, a un jour descendu 17 daïquiris, ou plutôt des « papa dobles » ou encore « special Hemingway », spécialement créés pour lui. L'écrivain Aaron Edward Hotchner, un proche d'Hemingway, en révèle la recette : « un papa doble se composait de deux doses et demie de rhum, du jus de deux citrons et de la moitié d'un pamplemousse, additionnés de six gouttes de marasquin.

Robe de cocktail Christian Dior de la collection automne 1949.

Papa doble

- 10 ml de sirop de pamplemousse rose 1883
- 10 ml de jus de citron vert
- 10 ml de jus de pamplemousse
- 10 ml de marasquin
- 40 ml de rhum cubain

Cette recette est une version revisitée du cocktail favori d'Hemingway.
Dans un shaker rempli de glaçons, versez tous les ingrédients.
Agitez vivement pendant 8 à 10 secondes, puis filtrez au-dessus d'une verre à martini ou d'une coupe à champagne.
Servez aussitôt.

Singapore sling

- 10 ml de sirop de grenadine 1883
- 50 ml de gin
- 25 ml de jus de citron
- 10 ml de triple sec
- 10 ml de liqueur de cerise
- 10 ml de Bénédictine
- 50 ml de jus d'ananas
- 2 traits d'absinthe
- 1 cerise confite

Ce cocktail est une version modernisée de la recette originale. Dans un shaker rempli de glaçons, versez tous les ingrédients. Agitez vivement pendant 8 à 10 secondes, puis filtrez au-dessus d'un verre highball. Faites une entaille dans la cerise confite et disposez-la sur le rebord du verre. Servez aussitôt.

Gin rickey

- 10 ml de sirop de citron vert 1883
- 50 ml de gin
- 20 ml de jus de citron vert
- 60 ml d'eau gazeuse
- 1 tranche de citron vert non traité

Dans un verre highball rempli de glaçons, versez le gin, le jus de citron vert, le sirop et l'eau gazeuse.
Mélangez délicatement à l'aide d'une cuillère à mélange pendant 2 ou 3 secondes.
Placez la tranche de citron vert dans le verre et servez aussitôt.

Le tout était placé sur de la glace pilée dans un batteur électrique, agité vigoureusement et servi mousseux dans un grand verre à pied. » Comme Fitzgerald, Hemingway vient chercher en Europe l'antidote au puritanisme américain dont il se méfiera toute sa vie. Dans les bars de la capitale ou en Espagne, il célèbre la joie de déguster de l'alcool sans se cacher, mêlant sans complexe son cher rhum cubain au champagne français. À toutes les époques de sa vie, le cocktail restera toujours pour Hemingway une affaire sérieuse. Ingrédients, ustensiles, techniques de mixage ou quantité de glace, température… Il va même participer à la rédaction d'un recueil de recettes de cocktails, avec 30 autres célébrités. Le titre de l'ouvrage est évocateur : *So Red the Nose, or Breath in the Afternoon* (« Le nez si rouge, ou l'haleine de l'après-midi »).
Le plus célèbre écrivain de son temps aura été non seulement un créateur de cocktails hors pair, mais aussi un accélérateur prodigieux de l'histoire des cocktails. Il mérite amplement de figurer au fronton de tous les bars du monde !

Ci-dessous : Un couple glamour buvant un cocktail un soir de Noël, vers 1920.

> **Mon mojito à la Bodeguita, mon daïquiri à la Floridita.**
>
> **Ernest Hemingway**
> Inscription manuscrite de l'écrivain sur le mur de la Bodeguita

MAUVAIS GENRE

Peut-on avoir l'air viril en buvant un cosmo ? La réponse est oui, bien sûr. Mais il ne faut pas s'y tromper : derrière cette question un peu futile et franchement dépassée se dessine l'histoire passionnante des stéréotypes et des rôles genrés, des goûts et des dégoûts associés à la féminité. Alors que la presse voit encore fleurir des titres tels que « les dix cocktails préférés des filles » ou « les six cocktails les plus virils que tout gentleman doit savoir préparer », commander un simple cocktail peut bel et bien relever du militantisme. Et si le milieu de la mixologie est longtemps resté très masculin, de plus en plus de femmes se font aujourd'hui un nom dans la profession.

À gauche : Sex and the city, série télévisée diffusée de 1998 à 2004.
À droite : À la plage, vers 1936.

LES COCKTAILS, UN TRUC DE FILLES ?

À en croire une publicité diffusée en 2020 par une célèbre marque de bière, les stéréotypes de genres ont la vie dure. Dans chacune des courtes scènes qui la composent, un serveur tend spontanément une bière à un homme et un cocktail à une femme. Chaque fois, ceux-ci doivent échanger leurs verres. Conclusion : « Les hommes aussi boivent des cocktails. » Certains cocktails ont plus particulièrement été associés au genre féminin dans la pop culture. Le plus fameux étant, bien entendu, le cosmopolitan, qui devint culte grâce à la plus girly des séries, *Sex and the City*. En témoignent ces quelques lignes de dialogue tirées du film éponyme, sorti en 2008, qui réunit à nouveau Samantha, Carrie, Charlotte et Miranda autour de leur boisson favorite :

This is delicious !
– Why did we ever stop ordering it ?
– Because everyone else started.
(« C'est délicieux ! – Pourquoi avons-nous arrêté d'en commander ? – Parce que tout le monde s'y est mis. »)

LES HOMMES AUSSI BOIVENT DES COCKTAILS.

« La buveuse de cocktail »,
carte postale du début
du xxe siècle.

CACHEZ CET ALCOOL QUE JE SAURAI BOIRE

Si les cocktails peuvent encore être considérés comme des boissons de femmes, peut-être est-ce en raison même du tabou qui a longtemps pesé sur la consommation d'alcool féminine : certains cocktails peuvent passer, en apparence, pour d'innocents jus de fruits. En témoigne l'histoire du Singapore sling. En 1915, à Singapour, à une époque où il était encore mal vu qu'une femme boive de l'alcool en public, le barman Ngiam Tong Boon de l'hôtel Raffles eut l'idée de verser un peu de gin et de liqueur dans les jus de fruits que les dames avaient l'habitude de commander. Ce stratagème leur permettait de consommer de l'alcool en toute discrétion. Sans surprise, il rencontra un tel succès que le Singapore sling demeure aujourd'hui le cocktail emblématique du pays.

DANS L'HISTOIRE DES COCKTAILS, LES FEMMES SONT SOUVENT DES PIONNIÈRES.

Une des nombreuses jeunes barmaids américaines en train de réaliser un cocktail.

HUIT FEMMES

C'est le nombre de candidates en compétition lors du Diageo World Class de 2016, le fameux championnat international de bartending. 8 femmes sur… 58 candidats. C'est une Française, Jennifer Le Néchet, qui décrocha le titre prestigieux de meilleure bartender du monde cette année-là ; elle était la première femme à remporter une compétition de ce type. Dans l'histoire du cocktail, les femmes que l'on rencontre sont souvent des pionnières. Il en va ainsi de la créatrice du hanky panky, Ada Coleman, qui fit parler d'elle en devenant la première cheffe bartender de l'Hôtel Savoy de Londres en 1903. Ce sont également des bartenders féminins qui ont créé certains des meilleurs cocktails : la margarita ou le pink lady, pour ne citer que ceux-là. Si la mixologie reste paradoxalement un art peu mixte aujourd'hui, on peut se réjouir de voir de plus en plus de femmes s'emparer de cette profession. En 2017, un an après Jennifer Le Néchet, c'était à nouveau une femme qui remportait le prestigieux Diageo World Class : la canadienne Kaitlyn Stewart.

Cosmopolitan

- 10 ml de sirop de cranberry 1883
- 5 ml de jus de citron vert
- 10 ml de jus de cranberry
- 30 ml de vodka
- 1 zeste de citron vert non traité

Dans un shaker rempli de glaçons, versez tous les ingrédients. Agitez vivement pendant 8 à 10 secondes, puis filtrez au-dessus d'un verre à martini à l'aide d'une passoire à cocktails.
Faites une entaille dans le zeste de citron vert et disposez-le sur le rebord du verre.

DE LA CAVE AU ROOFTOP

L'histoire des cocktails est pleine de contradictions : elle oscille entre ombre et lumière, illégalité et liberté et, plus concrètement, entre cave et rooftop. Aujourd'hui pleinement intégrée à la culture populaire, cette boisson parvient toujours à se renouveler et à nous surprendre, non seulement par ses saveurs inédites mais aussi par les lieux dans lesquels on la sert.

VIVONS HEUREUX VIVONS CACHÉS

La Prohibition a forcé les tenanciers de bars clandestins à faire preuve d'ingéniosité : ils s'installent dans les arrière-salles, sous-sols, appartements privés… tous les lieux à l'abri des descentes de police. Certains d'entre eux étaient même équipés de portes secrètes et de trappes qui, en actionnant un simple bouton, s'ouvraient pour laisser s'écraser les fûts et se répandre les réserves d'alcool sur le sol de la cave. Un moyen radical d'éliminer toute preuve de la présence d'alcool avant l'arrivée des forces de l'ordre.

SPEAKEASY

Aux États-Unis, pendant la Prohibition, les bars clandestins alimentés par la mafia s'appellent des speakeasies. *Speak easy*, cela peut vouloir dire « parlez aisément » mais, quoiqu'un cocktail puisse délier les langues, il faut plutôt comprendre « parlez doucement, ou la police va nous repérer ». En effet, les barmen incitaient les clients à parler aussi bas que possible, pour que le bruit du bar n'alerte la police.

Paradoxalement, le concept des speakeasies n'a pas cessé de faire parler de lui depuis, et les bars les plus branchés d'aujourd'hui font encore la part belle aux lumières tamisées, aux fauteuils capitonnés et à la musique jazz hérités de l'esthétique de leurs ancêtres clandestins. L'idée d'un lieu secret, exclusif et peut-être éphémère a en effet de quoi nourrir bien des fantasmes…

Des bouteilles d'alcool passées sous le manteau pendant la Prohibition.

Bloody Mary

- 10 ml de sirop de piment de Cayenne 1883
- 10 ml de jus de citron
- 70 ml de jus de tomate
- 40 ml de vodka
- 1 trait de sauce Worcestershire
- quelques gouttes de Tabasco

Versez délicatement tous les ingrédients dans un verre à mélange rempli de glaçons. Remuez pendant 8 à 10 secondes à l'aide d'une cuillère à mélange. Versez dans un verre highball et servez aussitôt.

ESPRIT COCKTAIL

Dans le Paris de l'entre-deux-guerres, pas de restriction officielle. Pourtant, dans la Ville Lumière, l'alcool se boit souvent dans des lieux sombres. Est-ce pour imiter l'Amérique qui fascine tant l'Europe ? Dans les caves de Saint-Germain-des-Prés fleurissent des bars, dont l'imaginaire flirte avec le scandale et le secret. En témoigne le nom de l'un des plus fameux de Saint-Germain-des-Prés : Le Tabou. Ouvert en 1947, il est alors l'un des seuls à fermer au petit matin. Dans le film *Funny Face* (*Drôle de frimousse*), sorti en 1957, c'est également dans un bar-cave, la Cave des puces, qu'Audrey Hepburn se rend pour goûter à la vie trépidante de Paris. Elle y danse de manière mémorable, elle y boit et – Paris oblige dans l'imaginaire hollywoodien – elle y parle philosophie avec tous les clients. Morale de l'histoire : on peut boire des verres tout en philosophant ; quelle meilleure manière de reproduire l'allégorie de la caverne de Platon que de s'enfermer dans une cave pour boire des cocktails ?

INSPIRATION PARISIENNE

Aucune autre recette ne symbolise mieux l'alliance franco-américaine, en matière de cocktails, que le bloody mary. Il fut inventé à Paris, mais dans le plus américain des bars, le Harry's New York bar. Son créateur était un Français, Fernand Petiot, mais il émigra rapidement à New York. La légende préféra, une fois de plus, l'attribuer à Hemingway, qui aurait demandé au barman parisien une boisson où le jus de tomate rendrait l'alcool indécelable, pour échapper aux remontrances de sa « *bloody* Mary » d'épouse.

DANS LES CAVES DE SAINT-GERMAIN-DES-PRÉS FLEURISSENT DES BARS SOUTERRAINS.

Drôle de frimousse,
de Stanley Donen, 1957.
Audrey Hepburn
et Fred Astaire.

Piña colada

- 30 ml de Création Fruits ananas 1883
- 10 ml de sirop de noix de coco 1883
- 50 ml de rhum blanc cubain
- 20 ml de liqueur de cacao blanc
- 10 ml de jus de citron vert frais

Versez tous les ingrédients dans un shaker rempli de glaçons, puis agitez vivement pendant 8 à 10 secondes. Filtrez au-dessus d'un verre highball rempli de glace pilée. Servez aussitôt.

LE COCKTAIL SORT DE L'OMBRE

La dégustation de cocktails reste encore aujourd'hui une quête d'expériences nouvelles. Mais désormais, le cocktail s'assume en pleine lumière et, dans les bars les plus spectaculaires, l'ambiance est souvent loin de celle sombre et intimiste si populaire au XXe siècle. En témoigne le succès des rooftops, ces terrasses situées au sommet des immeubles qui offrent une vue panoramique. Mais il y a encore plus insolite que de boire un cocktail en côtoyant les nuages. Budapest est par exemple réputée pour ses « *ruins pubs* » autrement dit, des bars installés dans des ruines. À Dubaï, le Chillout Ice Lounge est construit en glace. Et dire que nos ancêtres payaient une fortune pour se procurer des glaçons ! Consécration ou comble de la transgression ? Toutes ces années passées à contourner les lois, voire à dissimuler de l'alcool dans des cocktails, ont abouti à la popularisation des cocktails... sans alcool ! Pourtant, ceux-ci ont connu des débuts timides : jugés désuets ou destinés seulement aux femmes enceintes, il a fallu redoubler de créativité et utiliser des ingrédients originaux pour qu'ils deviennent enfin un art en soi. Et, côté lexique, l'influence anglophone se perpétue : les cocktails sans alcool sont souvent repérables par l'appellation « virgin », précédant le nom du cocktail et on parle également de « no low cocktails ». L'avantage des cocktails virgin, c'est que la modération n'est plus de la partie !

> **Mon style est comme un cocktail. Je ne suis pas aussi apprêtée qu'une Française, mais je m'en fiche comme une Anglaise.**
> **Jane Birkin**

En haut, au centre : Cocktails à bord du *RMS Caronia*. Brochure promotionnelle, 1947.
En haut, à droite : Les clients d'un hôtel dégustent des cocktails dans un décor semblable à celui d'un bateau. Michigan, 1955.
En bas, à droite : Un couple glamour dans les années 1940 à New York.

SO CHIC !

En 1926, Coco Chanel lance la plus fameuse création de l'histoire de la mode : la « petite robe noire ». Plus simple, plus fluide et surtout beaucoup plus courte que les robes que portent habituellement les dames, elle fait souffler un vent de liberté sur une société qui a soif de renouveau. Au même moment, au cœur des Années folles, la culture cocktail s'épanouit, mais la « petite robe noire » ne s'appelle pas encore « robe cocktail ». C'est Christian Dior qui, le premier, emploiera cette expression pour désigner les silhouettes de son « New Look » à la fin des années 1940. L'association ne tardera pas à faire son chemin dans le milieu de la mode et dans la vie quotidienne. La « robe cocktail », c'est la robe parfaite pour siroter sa boisson en ayant l'air à la fois chic et insouciant, comme Audrey Hepburn dans une scène fameuse de *Diamants sur canapé* (1961) : un vêtement ni trop formel, ni trop décontracté, qui ouvre un nouvel espace de créativité pour les designers – comment ne pas citer la robe cocktail « Mondrian» d'Yves Saint-Laurent ? – comme pour celles qui le portent.

INS
PI
RER

– Prendras-tu un apéritif ? demanda Colin. Mon pianocktail est achevé, tu pourrais l'essayer.
– Il marche ? demanda Chick.
– Parfaitement. J'ai eu du mal à le mettre au point, mais le résultat dépasse mes espérances. J'ai obtenu, à partir de la Black and Tan Fantasy, un mélange vraiment ahurissant. [...]
Chick se mit au piano. À la fin de l'air, une partie du panneau de devant se rabattit d'un coup sec et une rangée de verres apparut. Deux d'entre eux étaient pleins à ras bord d'une mixture appétissante.
– J'ai eu peur, dit Colin. Un moment, tu as fait une fausse note. Heureusement, c'était dans l'harmonie.
– Ça tient compte de l'harmonie ? dit Chick.
– Pas pour tout, dit Colin. Ce serait trop compliqué. Il y a quelques servitudes seulement. Bois et viens à table.

Boris Vian / *L'Écume des jours*, 1947

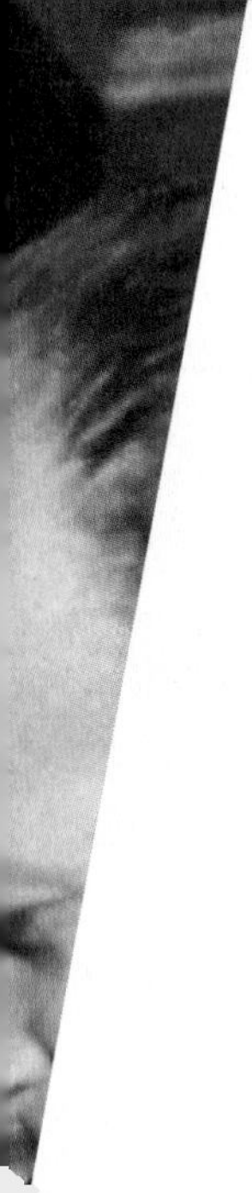

Cocktail en toutes lettres

Les écrivains aiment les cocktails, c'est un fait. Ils aiment aussi les bars. Hemingway ne rêvait-il pas d'être le premier à libérer celui du Ritz en août 1944 ? Il arrivera après le départ des Allemands, mais l'un des bars du palace porte toujours fièrement son nom, malgré l'addition de 51 dry martinis que l'auteur du *Vieil Homme et la mer* a laissée. Le bar à cocktails est un refuge idéal pour les écrivains, une façon de combattre la solitude devant la page blanche dans un lieu à la fois public et intimiste : combien d'idées de roman, combien de rencontres inspirantes à mettre au crédit des manhattans ou autres gins tonic sirotés sous leurs boiseries feutrées ? Combien de cocktails conçus sur mesure pour accompagner les univers littéraires ? Et puis les livres ne sont jamais loin : à Paris, le bar du Lutétia côtoie la bibliothèque de l'hôtel, à Londres, le Cinnamon Club est installé dans l'ancienne bibliothèque de Westminster.

LE GÉNIE DANS LA BOUTEILLE ?

Quant aux cocktails eux-mêmes, ils auront fait couler beaucoup d'encre, et pas seulement dans les romans. Littérature et verre à cocktail sont désormais associés, sous les auspices de l'incontournable Francis Scott Fitzgerald, celui qui a inventé la conjugaison d'un nouveau verbe, *to cocktail*, et avouait puiser l'inspiration dans ses chers gin rickeys. Les admirateurs de William Faulkner, son contemporain, peuvent découvrir dans sa maison-musée une vitrine avec les bouteilles de bourbon et le shaker qu'il utilisait pour confectionner ses mint juleps, le cocktail emblématique du Sud des États-Unis, à base de bourbon, menthe, sucre, eau et citron. Et comment ne pas citer Charles Bukowski, grand amateur de boilermaker, un demi de bière avec un shot de whisky ? Pour autant, le mythe de l'écrivain ne pouvant créer sans sa muse éthylique est largement exagéré. Hemingway lui-même, qui dans la vie quotidienne pouvait absorber une quantité phénoménale d'extra dry martinis ou de daïquiris, confiait avoir presque toujours écrit sobre. Truman Capote, fan de screwdrivers (vodka orange), a produit *De sang-froid* en consommant essentiellement du thé ou du café. *Sur la Route*, le chef-d'œuvre de Jack Kerouac, aurait été rédigé sans recours à l'alcool, bien que son auteur soit un grand consommateur de margaritas, à base de tequila et citron vert. Mais qu'ils aient bu en écrivant, ou qu'ils aient puisé sobrement dans leur imaginaire, le cocktail a été pour tous ces romanciers une puissante source d'inspiration. Contrairement aux vins ou liqueurs, un cocktail, par définition, demande du temps et de l'imagination. Il invite toujours à la surprise, stimule les papilles, encourage à la découverte de nouvelles sensations.

UN COCKTAIL, PAR DÉFINITION, DEMANDE DU TEMPS ET DE L'IMAGINATION.

Le cocktail peut même donner naissance à un courant philosophique ! Un jour de 1932, au Bec de Gaz, un bistrot de la rue Montparnasse, trois amis fixent leur verre de cocktail à l'abricot. L'un d'entre eux déclare : « Tu vois, mon petit camarade, si tu es phénoménologue, tu peux parler de ce cocktail et c'est de la philosophie ! ». C'était Raymond Aron, qui apostrophait ainsi Jean-Paul Sartre. Ce soir-là, ce dernier découvre, épaté, la phénoménologie moderne ; il en fera l'un des piliers de sa future doctrine, l'existentialisme.

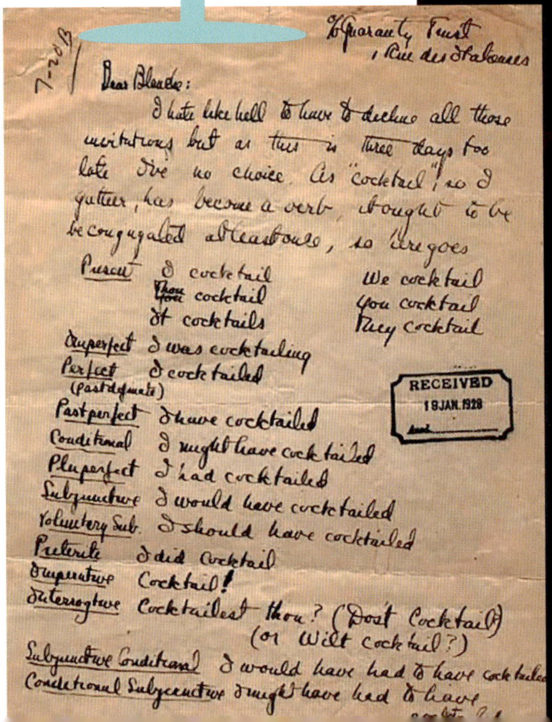

7-28 B

% Guaranty Trust
1, Rue des Italiennes

Dear Blanche:

I hate like hell to have to decline all those invitations but as this is three days too late I've no choice. As "cocktail", so I gather, has become a verb, it ought to be conjugated at least once, so here goes

Present — I cocktail / Thou cocktail / It cocktails — We cocktail / You cocktail / They cocktail

Imperfect — I was cocktailing

Perfect (past definite) — I cocktailed

Past perfect — I have cocktailed

Conditional — I might have cocktailed

Pluperfect — I had cocktailed

Subjunctive — I would have cocktailed

Voluntary Sub. — I should have cocktailed

Preterite — I did cocktail

Imperative — Cocktail!

Interrogative — Cocktailest thou? (Dost cocktail) (or Wilt cocktail?)

Subjunctive Conditional — I would have had to have cocktailed

Conditional Subjunctive — I might have had to have [illegible]

RECEIVED
19 JAN. 1928

Ci-contre : Et si le mot « cocktail » devenait un verbe ? Pour l'auteur de *Gatsby*, la société mondaine parisienne allant de cocktail en cocktail, il était urgent d'élargir l'usage du terme. Dans cette lettre de 1928 adressée à Blanche Knopf, il en établit une conjugaison très glamour : nous avons cocktailisé, je cocktailiserai, tu aurais cocktailisé…

Page précédente : Ernest Hemingway au Harry's Bar, 1954.

Gatsby le Magnifique de Jack Clayton, 1974. Mia Farrow et Robert Redford.

Georges Simenon
au bar de son appartement
parisien, vers 1926.

L'HEURE DU COCKTAIL À LA FRANÇAISE

La France a aussi sa bible des cocktails : un « manuel » d'une grande liberté de ton publié en 1929 par Marcel Requien et Lucien Farnoux-Reynaud, sous le titre *L'heure du cocktail* et qui illustre avec éclat l'âge d'or français des cocktails entre les deux guerres. Le pitch : une jeune femme, Balbine, découvre en 24 heures tous les grands cocktails. On y trouve pêle-mêle des conseils de savoir-vivre, des idées pour étonner ses invités, mais aussi des recettes originales d'artistes comme Jean Cocteau, Marcel L'Herbier ou Pierre Benoit. Une vision chic et décontractée de la culture cocktail qui a séduit le grand public pour devenir un classique contemporain.

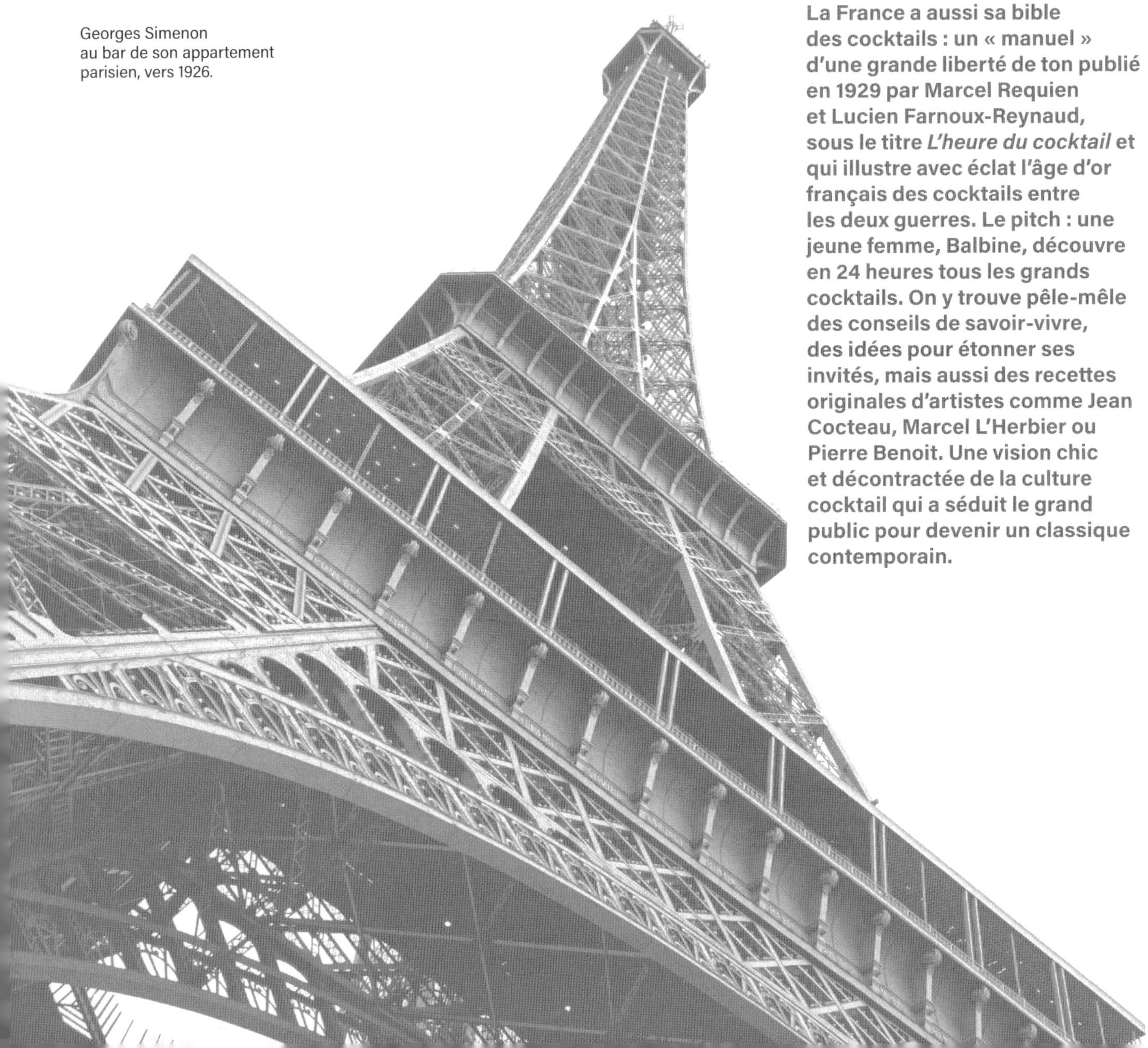

Hugo spritz

- 20 ml de sirop de fleur de sureau 1883
- 60 ml de vin effervescent brut
- 40 ml d'eau pétillante
- ½ tranche de citron non traité
- ½ tranche de citron vert non traité
- Tête de menthe

Dans un verre à pied rempli de glaçons, versez le sirop, le vin et l'eau pétillante. Remuez délicatement pendant 6 à 8 secondes à l'aide d'une cuillère à mélange. Ajoutez la menthe et les tranches de citron et servez aussitôt.

Spritz : le mot jaillit avec un pétillement un peu abrupt, effervescent, comique.

Philippe Delerm
Les Eaux troubles du mojito
2015

DESSINE-MOI UN PERSONNAGE…

Le cocktail est plus qu'un accessoire, c'est une atmosphère. Plus que les vêtements, il désigne une attitude, un rapport au monde et aux conventions. Rien d'étonnant à ce que les « créatures littéraires » des auteurs s'adonnent aux plaisirs des cocktails. Le trio sulfureux de *Gatsby le Magnifique* déguste à toute heure de très chics highballs et des rickeys, comme leur créateur. Les héros d'Hemingway, très cérébraux, rendent aussi hommage au dry martini, avec cet éloge ultime dans *L'Adieu aux armes* : « Je n'ai jamais rien goûté d'aussi frais et propre. Cela me fait sentir civilisé. » Il faut dire que pour rendre son cocktail encore plus « *fresh and clean* » (« frais et propre »), l'écrivain avait changé les proportions à 15 unités de gin pour 1 de vermouth, en rebaptisant ironiquement la recette « Montgomery », du nom du général britannique à qui il reprochait de n'oser attaquer que lorsqu'il était à 15 contre 1. Le cocktail peut être aussi satirique !

Si le cocktail peut s'associer à tous les genres, il est indissociable du polar, où il permet, sans beaucoup de phrases, de typer un personnage, de le situer dans la hiérarchie de la pègre ou, à l'inverse, de le camper comme un franc-tireur. Dans *Notre agent à La Havane*, de Graham Greene, les espions boivent du daïquiri, classique parmi les classiques. Mais dans *Vice caché*, le roman culte de Thomas Pynchon, le détective privé, haut en couleurs, affectionne particulièrement les audacieuses tequilas zombies (tequila, liqueur d'abricot, rhum blanc, vodka, jus de pamplemousse et d'orange).

Nuclear daïquiri

- 20 ml de sirop de falernum 1883
- 25 ml de jus de citron vert
- 25 ml de rhum jamaïcain blanc
- 25 ml de liqueur Coiron vert
- 1 rondelle de citron déshydratée

Dans un shaker rempli de glaçons, versez le rhum, la liqueur, le sirop et le jus de citron. Agitez vivement pendant 8 à 10 secondes, puis filtrez au-dessus d'un verre à martini. Placez la rondelle de citron dans le verre et servez aussitôt.

Ci-contre : À Barcelone, vers 1956, deux des plus grands amateurs de cocktails se rencontrent : Ernest Hemingway et Lauren Bacall. Dans *Le Grand Sommeil*, la femme fatale jouée par Lauren Bacall rend célèbre son cocktail préféré, le scotch mist (whisky servi avec de la glace pilée et un zeste de citron).
En haut : Jack London par le dessinateur Alberto Salinas, XXe siècle.

L'ESPION QUI L'AIMAIT...

SHAKEN, NOT STIRRED

Puisqu'il est question de mixologie littéraire, il est temps de se pencher sur l'exemple du fameux agent 007 et de son créateur, Ian Fleming, lequel était par ailleurs un vrai espion britannique. Rendons tout d'abord hommage à ce qui est certainement la plus célèbre recette de cocktail de fiction : « Dans une flûte à champagne, 3 doses de gin Gordon's, 1 de vodka, et ½ de Kina Lillet. » Nous sommes dans la première aventure de l'agent secret, en 1953, et ce cocktail n'a d'abord pas de nom. « Cette boisson est ma propre invention, dit James Bond, je vais la breveter quand je pourrai trouver un bon nom. » Ce sera le vesper martini, nommé d'après la *bond girl* du roman, « car une fois qu'on y a goûté, on n'a envie de rien d'autre ». Mais Ian Fleming n'a pas toujours été un bartender avisé. Si la légende de la vodka martini *shaken not stirred* (shakée, pas tournée) s'est imposée, une mise au point est nécessaire, au risque de décevoir les fans : le martini est meilleur tourné, pas secoué ! En effet, le shaker refroidit et émulsionne les ingrédients, introduisant des bulles d'air qui altèrent la sensation en bouche du cocktail.

Un autre mythe s'effondre : James Bond est décidément bien volage dans ses amours, y compris en matière de cocktails. Son premier cocktail, avant le vesper, est un americano, puis il passe au gin tonic, au old fashioned, avant de se fixer sur la vodka tonic. Mais le cocktail qu'il aura le plus souvent commandé est un whisky tonic. Et pour départager les concurrents, la boisson la plus consommée de toute la saga est... le champagne !

Qu'importent les types de cocktail, il aura suffi d'une galerie de personnages charismatiques, de Gatsby à James Bond, brillamment incarnés ensuite à l'écran, pour que le cocktail devienne aussi fascinant et désirable que les voitures ou les bijoux et irrigue désormais tous les genres littéraires.

Cocktail sur grand écran

La séquence commence par une phrase lancée avec nonchalance : « un old fashioned» ou « un bloody mary ». Parfois, des indications plus précises révèlent un connaisseur : « beaucoup de glaçons » ou « avec trois olives ». Puis gros plan sur le précieux breuvage.

Le décor est campé pour une *love affair* unique entre les cocktails et le cinéma. Moteur !

UNE HISTOIRE DANS UN VERRE

Plus encore que dans les romans, le cocktail est la « respiration » cinématographique par excellence. Notre personnage déguste un cocktail choisi et préparé pour lui, il est le maître du temps, le maître d'une gestuelle presque intime qui interrompt l'action, ou à l'inverse la prépare. En une seule scène, nous avons appris d'elle ou de lui l'essentiel, même sans paroles... À tel point que le cocktail a pu devenir un prolongement du héros lui-même.

Mais il ne s'agit pas de confondre alcool et cocktail sur grand écran. Ici, l'essentiel n'est pas l'ivresse, mais de créer un véritable jeu cinématographique dont le cocktail est le révélateur : c'est à la fois une icône visuelle et un élément narratif dans tous les genres du septième art. Il trouve sa place aussi bien entre deux règlements de comptes de la mafia que dans un duo de comédie musicale. Il n'est donc pas étonnant que le cocktail ait traversé toutes les époques du cinéma.

C'est d'abord le marqueur de l'élégance de l'âge d'or d'Hollywood, comme dans le classique *Elle et lui*, où Cary Grant et sa dulcinée s'aperçoivent qu'ils aiment le même cocktail, le pink champagne, ou dans le sommet de la comédie qu'est le film *Indiscrétions*, où le même Cary Grant prépare un stinger (brandy et crème de menthe) avec une élégance inégalable. Dans *La vie est belle*, le chef-d'œuvre de Franck Capra, l'irrésistible ange qui vient de sauver James Stewart commande avec gourmandise un très vieux cocktail, qu'il a probablement connu dans sa lointaine jeunesse, un punch flambé.

Gimme whisky. Ginger ale on the side. And don't be stingy, baby !

« Donne-moi du whisky. Avec du ginger ale à part. Et ne soit pas radin, chéri ! »

Greta Garbo
Première réplique du film *Anna Christie,* 1930

Page précédente : Marilyn Monroe dans *Certains l'aiment chaud* de Billy Wilder, 1959.
Ci-contre : Ingrid Bergman et Cary Grant dans *Les Enchaînés* d'Alfred Hitchcock, 1946.
En haut : Affiche japonaise ; James Stewart, Katharine Hepburn, Cary Grant dans *Indiscrétions* (*The Philadelphia Story*) de George Cukor, 1940.

COCKTAIL POWER

Avec la Prohibition, nous l'avons vu, le cocktail devient l'accessoire parfait des films de gangsters, pour la bonne raison qu'un bon méchant ne saurait être banal. Le cocktail est la marque de leur pouvoir et de leur supériorité sur le menu fretin. C'est ainsi que le film *Le Parrain* a immédiatement suscité la création d'un cocktail hommage : le godfather. Les cocktails nés pendant l'interdiction de l'alcool sont bien sûr en tête du hit-parade mafieux, avec des variations intéressantes : les Blues Brothers affectionnent les orange whips (vodka, rhum, jus d'orange, crème liquide), le héros de *Burn after Reading* les 7 & 7 (whisky et soda 7Up), et dans la parodie de film policier *Glass Onion*, la jet set préfère des sea breezes (vodka, jus de pamplemousse, jus de cranberry). Johnny English, l'espion burlesque interprété par le génial Rowan Atkinson, a bien sûr aussi son cocktail fétiche : n'ayant pas bien compris ce qu'est un Moscow mule, il propose un « London mole » (« taupe de Londres ») !

Ci-dessous : Sean Connery. dans *James Bond 007 contre Dr No* de Terence Young, 1962.
À droite : Jack Lemmon et Marilyn Monroe dans *Certains l'aiment chaud* de Billy Wilder, 1959.

BRING THE SHAKER !

À l'opposé de l'univers policier, le cocktail est souvent synonyme de séduction. C'est bien sûr l'arme fatale de James Bond, qui a son propre shaker, à l'instar de la divine Marilyn Monroe, alias Sugar Kane dans *Certains l'aiment chaud*. « *Bring the cocktail shaker !* » (« Apporte le shaker ! ») s'exclame-t-elle, dans la fameuse scène du train de nuit qui se transforme en *party* clandestine. Dans le cultissime *Breakfast at Tiffany's* (*Diamants sur canapé*), Audrey Hepburn compte sur le redoutable white angel, mélange égal de gin et vodka, pour séduire un homme riche lors de ses fêtes mémorables. Quand Ryan Gosling, dans *Crazy, Stupid, Love*, veut séduire Emma Stone, c'est aussi avec un cocktail classique, et classieux, le old fashioned, dont la recette date de 1880.

We've got bourbon, we could make Manhattans !

« On a du bourbon, on pourrait faire des Manhattans ! »

Marilyn Monroe

Certains l'aiment chaud, 1959

LES FRANCS-TIREURS

Plus récemment, les cocktails sont utilisés au cinéma pour souligner l'originalité des héros. Il y a les suiveurs, qui ne prennent pas de risque et boivent les cocktails à la mode, et ceux qui à l'inverse lancent les modes. Ces derniers sont bien sûr les plus charismatiques, même lorsqu'ils se cachent sous les traits d'un antihéros. Qui buvait encore des white Russians (vodka, liqueur de café, crème) avant la sortie du film culte *The Big Lebowski* en 1998 ? Son improbable protagoniste, The Dude, vit littéralement au rythme de ce cocktail : chez lui, dans la rue, au bowling et même lorsqu'il est kidnappé. Sa recette est tout aussi fantasque, puisqu'il utilise un fond de poudre de lait… L'attrait de ce personnage anticonformiste est tel qu'il se crée un véritable engouement pour le white Russian, avec de multiples déclinaisons.

The Big Lebowski
de Ethan et Joel Coen, 1998.
Jeff Bridges.

White Russian

- 20 ml de sirop de tiramisu 1883
- 50 ml de vodka
- 50 ml de crème liquide

Remplissez un verre old fashioned aux deux tiers de glaçons. Versez-y la vodka et le sirop de tiramisu, puis remuez délicatement à l'aide d'une cuillère à mélange pendant 6 à 8 secondes. Ajoutez la crème liquide, puis remuez à nouveau délicatement pour l'incorporer au mélange. Servez aussitôt.

LES BARS DE CINÉMA

Les bars à cocktails sont bien plus qu'un décor. On pense bien sûr au mythique Rick's Café du film *Casablanca*, de Michael Curtiz, avec Ingrid Bergman et le charismatique Humphrey Bogart, dont le cocktail préféré est le french 75 (gin, jus de citron, sucre, champagne). En réalité, ce cocktail a été inventé par les soldats anglais engagés en France pendant la guerre de 14-18, qui agrémentaient leurs réserves de gin de champagne français.
Le nom fait référence à un canon français de 75 millimètres.
Le cinéma regorge d'autres bars iconiques : on peut citer le bar à cocktail luxueux des *Affranchis*, où se déroule une longue scène du film, symbole de la « réussite » du clan , ou encore les nombreux bars que l'on croise dans les films de Woody Allen, à commencer par Manhattan – qui est également le nom d'un cocktail bien connu (whisky et vermouth).

À gauche : Manhattan
de Woody Allen, 1979.
Woody Allen et Diane Keaton.
Ci-contre : L'actrice
Jane Wyman, un verre
à cocktail à la main.

Banana daïquiri

- 30 ml de Création Fruits banane 1883
- 10 ml de sirop de sucre de canne 1883
- 60 ml de rhum blanc
- 10 ml de triple sec
- 20 ml de jus de citron jaune
- 20 ml de crème fraîche
- 10 ml de lait

Versez tous les ingrédients dans un shaker rempli de glaçons, puis agitez vivement pendant 8 à 10 secondes. Filtrez au-dessus d'un verre highball et servez aussitôt.

Ci-dessous : Las Vegas Parano de Terry Gilliam, 1998. Johnny Depp et Benicio Del Toro.
À droite : Scarface de Brian De Palma, 1983. Al Pacino.

ON PEUT DIRE QUE LE COCKTAIL EST UN VÉRITABLE « COUTEAU SUISSE » DU CINÉMA.

LE MONDE POUR HORIZON

On peut dire que le cocktail est un véritable « couteau suisse » du cinéma. Il sert souvent de repère géographique : un mint julep à l'écran évoque forcément le sud des États-Unis, où il a été inventé, ou bien des Sudistes perdus dans la jungle new-yorkaise, comme dans *Gatsby le Magnifique*. La piña colada servie dans un ananas à Tony Montana (Al Pacino) dans *Scarface* évoque forcément le « paradis » exotique de la Floride et des Caraïbes. Le daïquiri est évidemment le cocktail phare des films qui se déroulent à La Havane, comme dans la scène iconique du *Parrain 2*. Le mojito, autre gloire cubaine, se boit aussi beaucoup en Floride, c'est d'ailleurs dans les années 1980 la boisson des deux emblématiques « flics à Miami ». Et que boit-on à Las Vegas ? Forcément des cocktails clinquants et trompeurs, comme le Singapore sling de Johnny Depp dans *Las Vegas Parano*. Il ressemble à un jus de fruits coloré, mais cache une composition redoutable : gin, liqueur de cerise, Cointreau, Bénédictine, eau de Seltz, jus de citron et Angostura.

TÊTE D'AFFICHE

SUR LA PISTE DU COCKTAIL

Parfois, le cocktail se permet même d'occuper le devant de la scène. C'est bien sûr le sujet principal du film *Cocktail*, avec Tom Cruise, que nous retrouverons plus loin et qui a fait date en mettant subitement à la mode le métier de bartender. C'est le cas également de *Drame en trois actes*, l'adaptation d'un roman d'Agatha Christie, où la caméra scrute pendant de longues séquences des cocktails (mortels) sans qu' Hercule Poirot ne devine que c'est l'arme du crime. Le cocktail peut également devenir subliminal lorsqu'il est utilisé par un des maîtres du genre, Alfred Hitchcock : dans le célèbre *La Mort aux trousses*, le publicitaire Cary Grant rejoint ses collègues dans un bar près de Madison Avenue, où ils dégustent des dry martinis, cocktail en vogue reconnaissable au verre typique dans lequel il est servi et aux olives qu'il contient. Très vite, le héros doit fuir et changer d'identité. Dans le train pour Chicago, cherchant à échapper à la police, il sirote de façon ostentatoire un gibson… qui n'est autre qu'un dry martini « déguisé », avec un oignon au vinaigre à la place de l'olive.

Enfin, le cocktail peut même constituer le sommet d'un film : c'est le cas du très iconoclaste *Drunk*, de Thomas Vinterberg, où quatre amis expérimentent une théorie selon laquelle le corps humain est fait pour vivre avec un taux d'alcool constant de 0,5 gramme. La scène de préparation commentée des sazeracs est assurément d'anthologie !

Sazerac

- 10 ml de sirop d'épices ambrées 1883
- 50 ml de cognac ou de rye whiskey, selon votre goût
- 10 ml d'absinthe
- 1 trait de Peychaud's Bitters
- 1 zeste d'orange

Versez l'absinthe dans un verre old fashioned, puis réservez. Versez les ingrédients restants dans le verre à mélange. Remuez pendant 8 à 10 secondes à l'aide d'une cuillère à mélange. Videz le contenu du verre old fashioned, puis versez-y le contenu du verre à mélange et remplissez de glaçons. Placez dans le verre le zeste d'orange et servez aussitôt.

MADE IN FRANCE

Avec les prodigieux Picon bières préparés et descendus avec panache par Jean-Paul Belmondo dans *Un singe en hiver*, pas besoin de voir la Tour Eiffel pour savoir que l'on est en France ! De même, quand dans la trilogie de Pagnol (*Marius*, *Fanny* et *César*), César tente d'initier son fils à l'art du cocktail, il choisit un Picon citron : avec un tiers de curaçao, un tiers de citron, un tiers de Picon et un tiers d'eau. Cela fait quatre tiers... « mais cela dépend des tiers ! » Lorsque soixante-dix ans plus tard, l'héroïne américaine de la série *Emily in Paris* invente un cocktail en canette *so frenchy*, ce sera le « chamère », qui n'est rien d'autre que le kir royal, sirop de cassis et champagne.

Pour un Picon bière, c'est moitié-moitié ? — Ça peut le devenir, mais je ne saute pas un obstacle sans élan.
Michel Audiard,
Un singe en hiver, 1962

SERIAL COCKTAIL

Puisque le cocktail nous emmène décidément vers la liberté, on le retrouve évidemment au générique de la plupart des séries. À tout seigneur tout honneur, la liste des cocktails des *Sopranos* est somptueuse : 7 & 7, apple martini, hawaiian punch, lime rickey, negroni, ramos gin fizz, rusty nail, white Russian. Des classiques à fort caractère, mais pour beaucoup revisités. Du caractère, il en fallait pour être élu « le » cocktail de Carrie Bradshaw, la quintessence de la New-Yorkaise dans *Sex and the City*. Ce sera le cosmopolitan, si évident dans sa sophistication et si esthétique avec sa couleur rose. Autre série dont New York est le décor : la très stylée *Mad Men*, dont l'action se passe autour de Madison Avenue, dans le milieu publicitaire des années 1960. Don Draper, le héros, incarne une sorte de double tourmenté et ombrageux de Cary Grant. Son cocktail est à son image, élégant et faussement classique : le old fashioned (whisky avec un sucre imbibé d'Angostura). Une ambiance également culte, celle des *Desperate Housewives*, où la volcanique Gabrielle Solis et ses amies accompagnent leurs soirées poker de margaritas, un cocktail qui aurait été inventé par une femme dans les années 1940. Signe des temps, le Moscow mule, très en vogue, s'impose depuis plus d'une décennie dans les séries telles que *Fargo* ou *Orange is the New Black*, et même dans la série française *Dix pour cent* !

Ci-dessus : Mad Men, série télévisée diffusée de 2007 à 2015.
À gauche : Marius d'Alexander Korda, adapté de la pièce de Marcel Pagnol, 1931. Raimu, Fernand Charpin.

L'accord parfait

La culture cocktail reste étroitement liée au jazz, mais ses affinités avec la musique transcendent les frontières des genres musicaux. Non seulement un cocktail se compose comme une mélodie, mais il se découvre comme tel à celui qui le boit. À l'enchaînement des phrases musicales correspond celui, olfactif et gustatif, de la dégustation : le cocktail s'offre d'abord à la vue, à l'odorat, se goûte enfin, dévoilant des premières notes qui en révéleront d'autres. Si la musique devait avoir un goût, nul doute que ce serait celui d'un cocktail. Musique et mixologie ne sont-elles pas toutes les deux affaires d'harmonie, que l'on soit plutôt jazz, lounge, pop ou classique ?

COCKTAIL CITY

Cocktails for Two, tel est le nom d'un morceau interprété par la légende du jazz Louis Armstrong, originaire de la Nouvelle-Orléans. Ce n'est pas un hasard si la capitale culturelle de la Louisiane est à la fois le berceau du cocktail et le berceau du jazz, genre musical de la liberté et de l'improvisation. Liberté dans le choix des goûts, liberté dans le choix de la couleur, liberté dans le choix de la forme… De toutes les boissons, le cocktail est sans nul doute la plus

J'aimais le bruit de la musique, des danses, des voix, le grand cri unanime de la cave, l'agitation des corps, le cliquetis des glaçons dans l'alcool.

Jacques Laurent
Les Bêtises, 1971

créative qui soit. À la Nouvelle-Orléans – où l'on peut visiter un musée entièrement consacré au cocktail sazerac –, on sait ainsi que la culture cocktail, c'est la culture tout court. Car la Nouvelle-Orléans et sa musique sont elles-mêmes le fruit d'un mix culturel que l'on ne trouve nulle part ailleurs : au début du XXe siècle, le jazz voit le jour dans cette ville où se mêlent les vestiges des colonies espagnoles et françaises, les influences afro-américaines des anciens esclaves et les apports culturels des immigrants européens. Ce *melting-pot* est également favorable aux mélanges de saveurs et de spiritueux des quatre coins du monde. Le cognac, typiquement français, est ainsi au cœur de la recette du cocktail vieux carré, nommé d'après le quartier français de la Nouvelle-Orléans où il fut inventé. La recette apparaît pour la première fois dans l'ouvrage *Famous New Orleans Drinks and How to Mix 'Em*, publié en 1937. Dans l'index, qui commence par l'absinthe anisette et se clôt sur le yankee flip, on retrouve à travers les noms et la composition des recettes les multiples influences culturelles qui traversent la ville : ainsi dans la recette du cuban rainbow pousse-café, où se côtoient du rhum cubain, du curaçao des Caraïbes, du sirop de grenadine, de l'anisette et de la Chartreuse *so french*. C'est par la culture jazz que la culture cocktail revient en Europe pendant l'entre-deux-guerres : de nombreux musiciens de jazz afro-américains fuient les États-Unis, marqués par le racisme et la ségrégation, pour trouver en Europe une plus grande liberté. Le terrain est prêt pour que la culture du jazz et le goût des cocktails fassent la conquête du vieux continent.

LA CULTURE COCKTAIL, C'EST LA CULTURE TOUT COURT.

Page précédente : Joseph Mompou, *Le cabaret Excelsior*, huile sur toile, 1929. Collection privée.
Ci dessus : le chanteur Freddy Quinn chante derrière le comptoir d'un pub en 1957.
Ci-contre : École américaine, *Jazz club of the Roaring Twenties*, lithographie couleur, 1920. Collection privée.

ICI ON N'ÉCOUTE PAS LA MUSIQUE, ON LA GOÛTE

Qui n'a jamais regretté que la musique trop forte ou inadaptée d'un bar gâche son expérience ? Pour apprécier pleinement un bon cocktail, il faut de la bonne musique. Pour certains, l'inverse est aussi vrai : on apprécie bien mieux la musique un cocktail à la main. Pour s'en convaincre, il suffit de pousser la porte d'un « listening bar », un lieu qui accorde autant d'importance à la musique qu'à la composition de la carte. Matériel hi-fi haut de gamme, rayonnages de vinyles et cartes pointues, ils mêlent dégustations auditive et gustative. Si les listening bars se sont diffusés à travers le monde au XXIe siècle, cette tendance bien plus ancienne plonge ses racines dans le Japon de l'entre-deux-guerres. Le pays, qui ne s'est ouvert au commerce international qu'en 1853, connaît à partir des années 1920 un véritable boom culturel. L'issue de la Première Guerre mondiale en a fait l'une des grandes puissances mondiales, il se démocratise et sa culture s'ouvre aux influences de l'Ouest : peinture impressionniste, jazz, inspirations Art déco, cheveux courts pour les femmes, costumes pour les hommes. Les *moga* et les *mobo* – contractions japonaises de *modern girls* et *modern boys* – se retrouvent dans des bars pour écouter la musique nouvelle venue de l'Occident, le jazz, tout en buvant des cocktails. C'est l'acte de naissance des « jazz klssa », ces bars spécialisés dans l'écoute d'une musique qui, bien plus qu'un bruit de fond, est partie prenante de l'expérience. Le phénomène est resté typiquement japonais pendant tout le XXe siècle, avant de conquérir peu à peu le reste du monde, et en particulier l'Occident, au début du XXIe siècle : s'inspirant des Occidentaux, les Japonais ont créé un phénomène qui sera copié à son tour par l'Occident.

Ci-contre : Micheline Presle
et John Garfield
dans *La Belle de Paris*
de Jean Negulesco, 1950.
En bas : le pianocktail
dans *L'Écume des jours*
de Michel Gondry, 2013.

QUAND LA MUSIQUE SE BOIT

Combiner musique et saveurs est une séduisante utopie, notamment pour les écrivains. Il n'est pas étonnant que deux des imaginations littéraires les plus fertiles se soient prêtées au jeu des associations cocktails-musique : Joris-Karl Huysmans, qui conféra une musique au goût, et Boris Vian, qui donna aux mélodies la faculté de produire des cocktails. Dans le manoir du dandy Des Esseintes, héros du roman de Joris-Karl Huysmans *À Rebours*, on découvre ainsi un « orgue à bouche » qui exhale non pas des sons, mais des saveurs. Les cocktails que Des Esseintes compose sont pour lui de véritables symphonies, bien au-delà de la simple métaphore : « Il était parvenu, grâce à d'érudites expériences, à se jouer sur la langue de silencieuses mélodies, de muettes marches funèbres à grand spectacle, à entendre, dans sa bouche, des solis de menthe, des duos de vespétro et de rhum. » Le héros de *L'Écume des jours,* chef-d'œuvre de Boris Vian, est quant à lui l'inventeur du « pianocktail », cet instrument loufoque qui permet de composer un cocktail en jouant un air. À la fois trompettiste de jazz et ingénieur diplômé, Boris Vian a combiné le génie de l'invention à la rêverie de l'artiste pour créer un instrument qui n'a de cesse de fasciner. En 2017, une entreprise japonaise s'en est ainsi inspirée pour créer Squeeze Music, une machine capable de convertir une musique en cocktail. Son fonctionnement ? Elle analyse les émotions que suscite un morceau à partir des ondes sonores qui le composent, et y associe les goûts selon le dosage correspondant : si le morceau est triste, joyeux, énergisant ou romantique, le cocktail sera plus ou moins sucré, acide, amer ou fruité.

ROCK ON THE ROCKS

Berceau du cocktail, les États-Unis sont aussi celui du rock'n'roll. Mais c'est au plus culte des groupes britanniques que nous devons la renommée du cocktail le plus culte du genre. En 1972, lors de la soirée de lancement de la tournée américaine des Rolling Stones, au bar du Trident à San Francisco, Mick Jagger se voit servir une tequila sunrise au lieu de la margarita qu'il a commandée. Mais l'erreur est heureuse : *you can't always get what you want, but sometimes you get what you need* (« on ne peut pas toujours obtenir ce que l'on veut, mais parfois on obtient ce dont on a besoin »)...
Le cocktail plaît tellement aux Stones qu'ils le commanderont dans tous les bars qu'ils visiteront cette année-là, et rebaptiseront leur tournée « la tournée cocaïne et tequila sunrise ». La recette, jusque-là confidentielle, se répand à travers les États-Unis, et quelques mois plus tard, The Eagles baptiseront même l'une de leurs chansons *Tequila Sunrise*.

Inspirations rock et pop, humour absurde, esthétique vintage et couleurs qui clashent, le style de The B-52's est en lui-même un cocktail osé qui assume les contrastes, à l'image de la recette tricolore qu'il a inspirée.

I'm feeling supersonic, Give me gin and tonic.
« Je me sens supersonic, Donnez-moi du gin et du tonic. »
Oasis
Supersonic

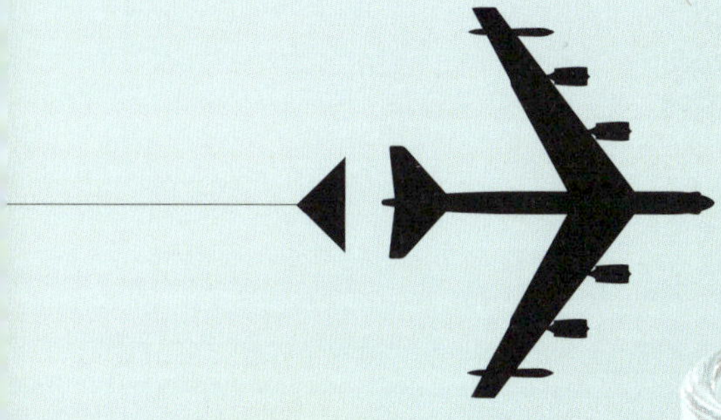

B-52

- 10 ml de sirop de café 1883
- 20 ml de liqueur Irish cream
- 20 ml de triple sec

Dans un verre à shot préalablement rafraîchi, versez tout d'abord le sirop de café. À l'aide d'une cuillère à mélange, ajoutez délicatement la liqueur Irish cream de sorte que la démarcation reste nette. Ajoutez de la même manière le triple sec. Servez aussitôt.

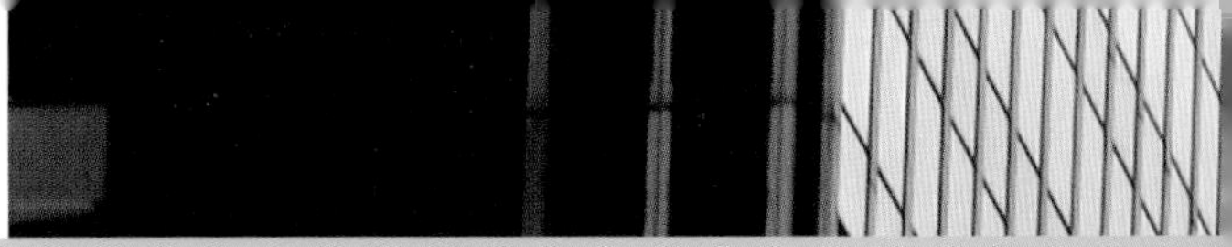

Skyline dans un verre

Dans l'imagerie du cocktail, l'horizon derrière le verre est souvent constitué d'une ligne de gratte-ciel ou de bâtiments futuristes, plutôt que des boiseries et des fauteuils en cuir des clubs anglais. Il faut dire que face au conformisme ambiant, l'architecture et l'art du cocktail ont rapidement partagé la même audace, la même hardiesse, y compris dans la méthode de création : une alliance entre la maîtrise parfaite des gestes et techniques et la jubilation d'inventer quelque chose de jamais vu (ou bu).

DEPUIS
1883
MAISON
ROUTIN
FRANCE
33.8 FL OZ

LE MONDE MODERNE

Les Années folles ont été une période féconde : libération des mœurs, festivités en tout genre ou encore naissance du mouvement Art déco. Reconnaissable, entre autres, à ses lignes, sa géométrie rectiligne, ses courbes aérodynamiques mais surtout à son aspect théâtral et à sa quête de modernité, ce mouvement s'inspire aussi des *skyscrapers* (gratte-ciel) qui bouleversent le paysage urbain. Et le cocktail n'est pas en reste : l'Art déco est partout, de la décoration des bars en passant par les meubles à cocktails, et jusqu'aux recettes ! Les cocktails s'inspirent eux aussi des gratte-ciel et arborent des lignes épurées, comme en témoigne le cocktail Manhattan skyscraper, servi dans son verre de forme géométrique. Un siècle plus tard, les jeunes mixologues s'inscrivent toujours dans cette esthétique très affirmée.

LE TRAVAIL D'ALCHIMISTE DU MIXOLOGUE EST SEMBLABLE À CELUI DE L'ARCHITECTE.

Manhattan skyscraper

- 15 ml de vermouth rouge Routin
- 90 ml de ginger ale Artonic
- 45 ml de rye whiskey
- 1 zeste d'orange non traitée

Dans un verre tumbler rempli de glaçons, versez l'ensemble des ingrédients puis garnissez d'un zeste d'orange. Remuez à l'aide d'une cuillère à mélange et servez aussitôt.

ÉQUILIBRISME

Verre, glaçons, taille, forme, volume, couleurs, textures, le mixologue doit imaginer toutes les dimensions et la structure de son cocktail, en plus de l'alliance des saveurs et des parfums. Ce travail d'alchimiste est semblable à celui de l'architecte. Dans les deux cas, tout est question d'équilibre, et d'un rapport subtil entre contenant et contenu.

La recherche de nouvelles formes inspire, que ce soit pour la création de nouvelles recettes ou l'invention de nouveaux verres. La designer argentine Augustina Bottoni, par exemple, a été fortement influencée par les œuvres de l'architecte italien Piero Portaluppi. Elle a conçu une série de trois verres à cocktail inspirés de son travail, notamment de la Villa Necchi Campiglio.

L'architecture des bars est tout aussi importante. Espace central, il doit être pensé à la fois pour faciliter les mouvements et la circulation des barmen mais aussi pour servir de toile de fond à l'expérience du cocktail. Certains lieux sont fameux par leur architecture ou leur ambiance, comme le Craft London, où le bar est un îlot central dans une pièce circulaire entièrement vitrée, ou Le Scilicet, à Paris, dont la terrasse est située sur les quais de la Seine, au pied du pont au Change, mais dont le bar se cache à l'intérieur d'un ancien local d'égoutier.

DIS-MOI QUEL EST TON VERRE…

On pourrait écrire des volumes entiers sur le choix des verres à cocktail, même si pendant longtemps les boissons n'ont pas eu de contenant spécifique. C'est seulement au XIXe siècle que l'on commence à choisir un type de verre pour déguster différents vins. Depuis, la technique du verre soufflé a évolué, laissant libre cours à l'imagination pour ce qui est des formes, des couleurs et des tailles. Pourtant, les grands classiques tiennent toujours le haut du pavé : le verre n'est pas seulement un accessoire, il est un ingrédient à part entière du cocktail.

Un bord évasé permet par exemple la libération des vapeurs d'alcool mais aussi des parfums, un pied permet de boire son cocktail sans le réchauffer. C'est la base du fameux « verre à cocktail » inventé au XIXe siècle, appelé aussi « verre à martini ». Mais chaque boisson a ses propres spécificités : quantité de glace, couleurs, température… Quelques cocktails fameux ont d'ailleurs leur verre bien à eux : le Moscow mule est servi dans des mugs métalliques car c'est la réaction chimique entre le cuivre et l'acidité du citron qui lui donne son goût si singulier. Le mojito a aussi ses verres : le tumbler, le Collins ou le highball, qui peuvent contenir une grande quantité de glace pilée et conserver la bonne température tout au long de la dégustation.

LE VERRE À MARGARITA

Toute l'élégance du cocktail dans un verre ! C'est un subtil mélange de coupe à champagne et de verre à martini : avec ses deux étages, le verre à margarita permet de conserver la saveur concentrée du cocktail dans sa base conique, alors que sa large corolle permet d'ajouter des fruits et de givrer le bord du verre au sucre ou au sel. L'origine de ce verre de 11 centimètres de hauteur et de 34 centilitres de contenance est aussi contestée que celle du cocktail margarita : pour certains, c'est une adaptation des coupes à champagne offertes par le mari de Margaret Sames, qui aurait inventé le cocktail. D'autres affirment que le verre est le fruit d'un ingénieux recyclage de bouteilles de Coca-Cola défectueuses lancé par une usine de Mexico...

Trois gentlemen buvant des margaritas devant un tableau qui rend hommage au fameux cocktail.

SCULPTURE SUR GLACE

La glace aussi est une composante indispensable de certains cocktails. Pourtant, elle n'a pas toujours été accessible car, à l'origine, la glace était récoltée dans les régions froides et transportée sur le lieu de consommation. Elle se vendait donc très cher à quelques privilégiés. En 1820, un jeune homme nommé Tudor découvre que la sciure de bois est un parfait isolant pour le transport de la glace, qui devient un marché florissant avant l'invention des machines à produire des glaçons.

Aujourd'hui, la glace est bien plus qu'un moyen de garantir la fraîcheur des cocktails : elle permet aussi de combiner et de faire fondre les différentes saveurs dans le verre, tout en adoucissant les aspérités des ingrédients. Mais il ne suffit pas d'ajouter des glaçons ou de la glace pilée dans un cocktail : le choix des glaçons, de leur forme, de leur taille est un art complexe, à l'image de la sculpture. Il a donc fallu redoubler d'inventivité pour concevoir des glaçons adaptés à leur boisson. Les Japonais sont devenus maîtres dans cet art : ils ont inventé une technique pour réaliser des glaçons taillés en forme de diamant (*diamond cut*) et excellent dans la découpe de glaçons ronds. Ce n'est pas un détail futile : les glaçons ronds sont parfaits pour déguster un whisky, car les coins et les arêtes des cubes ont tendance à fondre plus rapidement...

Blue lagoon

- 10 ml de sirop de curaçao 1883
- 10 ml de jus de citron
- 20 ml de triple sec
- 50 ml de vodka
- 1 zeste d'orange non traitée

Versez les ingrédients dans un shaker rempli de glaçons, puis agitez vivement pendant 8 à 10 secondes. Filtrez au-dessus d'un verre à martini, remplissez le verre avec de la glace pilée et ajoutez le zeste d'orange. Servez aussitôt.

Vitrail Art déco signé Jacques Grubert, représentant un bar à cocktails.

UNE PALETTE DANS UN VERRE...

Une chose est sûre, si une couleur existe, elle peut être reproduite dans un cocktail. Pink lady, blue lagoon, green hat, golden dream, purple hooter, yellow bear... Toutes les couleurs de l'arc-en-ciel, même les plus improbables, ont leur pendant cocktail : tant que l'imagination peut le concevoir, il est possible de le boire. Un peu de curaçao, cette liqueur à base d'agrume « bleue comme une orange », et même l'image la plus célèbre du plus surréaliste des poètes français se matérialise dans le verre. Ajoutez à l'équation toute la palette des sirops, et les combinaisons de couleurs deviennent infinies. Il n'est donc pas étonnant que la peinture soit une source d'inspiration fertile pour la mixologie. Un bel exemple est le cocktail Bellini, créé à la fin des années 1940 par le patron du Harry's Bar de Venise, Giuseppe Cipriani. Composé d'un mélange de champagne ou de prosecco et de purée de pêche, il rend hommage au peintre de la Renaissance, maître de la couleur et de la lumière, et à ses toiles aux couleurs roses-orangées. En matière d'inspiration picturale en mixologie, la porte est ouverte : du curaçao bleu piscine pour David Hockney, du sirop de mûre noir pour Soulages, pourquoi pas une base de champagne doré et pétillant pour Gustav Klimt, orange et mûre pour Mark Rothko...

Shake it !

Le geste d'agiter le shaker, la cuillère que l'on tourne… même pour le débutant, la réalisation d'un cocktail a des airs de chorégraphie, avec ses routines et ses exercices, son rythme et ses enchaînements. Depuis ses origines, la mixologie a noué des liens étroits avec la danse, et du mariage de ces deux disciplines est né un art à part entière : le flair bartending. Les lieux où l'on boit des cocktails sont aussi, bien souvent, des lieux où l'on danse. Car danse et cocktail ont un dénominateur commun : le goût de la fête.

Page précédente :
barmaid derrière
un comptoir, vers 1960.
Ci-dessus : Cocktail
de Roger Donaldson, 1988.
Tom Cruise.

UN DANSEUR QUI A DU FLAIR

On ne peut pas comprendre les liens profonds qui unissent la danse et l'art du cocktail tant que l'on n'a pas vu un bartender pratiquer le flair. Démocratisée par Tom Cruise dans son rôle de barman dans le film *Cocktail*, sorti en 1988, cette discipline consiste à composer un cocktail en réalisant une véritable chorégraphie, où se mêlent jonglage, acrobaties, lancers et effets spectaculaires. Bien loin d'un raffinement moderne, elle est presque aussi vieille que la culture cocktail. C'est en effet Jerry Thomas qui inventa cet art dans la première moitié du XIXe siècle. Père de la mixologie américaine, à la fois chercheur d'or et bartender, il est également l'auteur du tout premier ouvrage consacré à l'art du cocktail, publié en 1862, auquel il donna le titre sobre de *Bartender's Guide*. Mais sobres, ses prestations derrière le comptoir ne l'étaient pas le moins du monde. En véritable *showman*, il jongle, s'adonne à des acrobaties périlleuses avec les ustensiles et les boissons et joue – littéralement – avec le feu. Sa spécialité est en effet le blue blazer, qui nécessite, ni plus ni moins, de transvaser du whisky enflammé d'un verre à un autre.
Les figures s'appellent « tin pivots », « ten out of ten », « jigger tap », « tin roll »... Comme tout art, le flair bartending a sa grammaire, ses codes et ses écoles. On distingue ainsi

Sex on the beach

- 10 ml de sirop de pêche 1883
- 50 ml de vodka
- 10 ml de liqueur de mûre
- 40 ml de jus d'orange
- 40 ml de jus de cranberry
- 1 tranche d'orange non traitée

Versez tous les ingrédients dans un shaker et agitez vivement pendant 8 à 10 secondes. Filtrez au-dessus d'un verre highball préalablement rafraîchi. Faites une entaille dans la tranche d'orange puis disposez-la sur le rebord du verre. Servez aussitôt.

le working flair et l'exhibition flair. Le barman qui pratique le premier réalise tous les cocktails de son service de manière chorégraphiée. L'exhibition flair consiste à donner un spectacle au cours duquel quelques cocktails pourront être servis, mais l'objectif premier est de réaliser les mouvements de jonglage les plus impressionnants qui soient. Les bouteilles utilisées sont généralement vides ou presque afin de conserver un poids constant et de permettre de réaliser des figures d'une grande complexité.

Si la Prohibition a mis l'étouffoir sur le flair bartending (difficile de le pratiquer avec discrétion), ce savoir-faire n'a jamais vraiment disparu. C'est Hollywood, et plus précisément Tom Cruise, qui va donc le tirer de l'oubli avec le film *Cocktail*. Cette histoire d'un jeune loup de Wall Street qui devient un bartender prodigieux suscite de nouvelles vocations dans le monde entier. Mais pour ceux que la jonglerie avec des bouteilles effraie, il existe d'autres manières de joindre l'art de la danse à la réalisation d'un cocktail. En 2019, un studio de danse londonien proposait ainsi un cours de danse classique qui était également… un atelier cocktail. Que l'on soit plutôt rock, tango ou salsa, les seules limites sont celles de l'imagination.

/ I am the last barman poet / I see America drinking the fabulous cocktails I make / Americans getting stinky on something I stir or shake / The sex on the beach / The schnapps made from peach / The velvet hammer / The alabama slammer. / I make things with juice and froth…

« Je suis le dernier barman poète
Je vois l'Amérique boire
les fabuleux cocktails que je fais
Les Américains s'enivrer
de ce que j'ai mélangé ou shaké
Le sex on the beach
Le schnapps à la pêche
Le velvet hammer
L'Alabama slammer.
Avec les jus et la mousse je crée… »

Cocktail
Film de Roger Donaldson, 1988

Danseuse divine

- 20 ml de sirop de cassis 1883
- 100 ml de nectar de mangue
- 50 ml de nectar de poire
- 20 ml de jus de citron vert frais

Versez les ingrédients dans un shaker rempli de glaçons, puis agitez vivement pendant 8 à 10 secondes. Filtrez au-dessus d'un verre à martini. Servez aussitôt.

DE L'ART DE FAIRE DANSER LES VERRES

Si l'idée de mêler danse et boisson est aussi vieille que le premier bal du monde, c'est dans le genre du cabaret qu'elle trouve sa consécration. La Belle Époque est pour la France l'âge d'or du café-concert : la décennie 1880 voit la création des plus fameuses enseignes, comme Le Chat noir, où chante Aristide Bruant, et Le Moulin Rouge, où danse La Goulue. Tous deux immortalisés par les plus célèbres affiches de Toulouse-Lautrec, lui-même grand amateur de cocktails et de cabaret, ils incarnent l'esprit de Montmartre et la bohème. Les prix des cafés-concerts sont alors très bas et permettent à toutes les classes sociales de s'y croiser autour d'un verre, le temps d'un spectacle.

En devenant plus onéreux au début du XXe siècle, le cabaret perd de son caractère populaire pour devenir le lieu de rendez-vous des élégants. En 1926, la danseuse et icône des Années folles Joséphine Baker ouvre ainsi son propre cabaret à Montmartre, qu'elle baptise tout simplement Chez Joséphine. Ce cabaret où l'on danse le charleston en écoutant du jazz et en buvant des cocktails deviendra rapidement l'un des rendez-vous les plus chics de la capitale.

Si les grandes heures du cabaret sont aujourd'hui révolues, les liens entre danse et cocktail demeurent féconds. En témoignent les nombreux cocktails qui portent le nom d'une danse : valse, bossa-nova, balalaïka ou encore ballet russe ou danseuse divine, la culture cocktail honore tous les genres et tous les *tempi*. Et si savoir danser le tango suppose de la patience et de l'application, rien de plus facile que de préparer le cocktail du même nom ! Dans un verre de bière, il suffit d'ajouter du sirop de grenadine dans la quantité souhaitée par le buveur. Cette boisson aurait été inspirée d'un autre cocktail américain, le queen Mary, arrivé en Europe en même temps que le tango argentin, dans les années 1920.

La superstar du ballet classique, Rudolf Noureev, est également le créateur d'un cocktail qui porte son nom : vodka, citron vert, copeaux de chocolat. Difficile de faire plus glamour : il fut inventé dans les appartements de la princesse Margaret à Kensington Palace, lors de la réception qui suivit la première d'un ballet au Royal Opera House. De l'opéra Garnier à celui de Sydney ou du Met à New York, les bars des grands opéras sont souvent parmi les plus inspirants, tant par leur cadre que par la carte des cocktails.

Un tableau dans un cocktail*

« Il faudrait que la peinture serve à autre chose que la peinture », un conseil de Matisse que les créateurs de cocktail ont appliqué à la lettre, tant les correspondances entre les deux arts sont évidentes : choix des couleurs, mélanges des formes… Si l'artiste peut trouver l'inspiration n'importe où, l'univers des cocktails est un terrain potentiellement fertile, agréable à coup sûr. Car les couleurs, le design, l'atmosphère et les nuances sont le premier intérêt du peintre et le cœur de la démarche du mixologue. Et certains cocktails peuvent raconter une histoire aussi bien qu'un tableau… Honneur au pionnier, le flamboyant Henri de Toulouse-Lautrec, dont on sait le goût pour tous les plaisirs modernes, dont celui du cocktail. Il ne se lassait pas d'inventer des mélanges hauts en couleurs lors de soirées parisiennes effervescentes.

* ou un cocktail dans un tableau ?

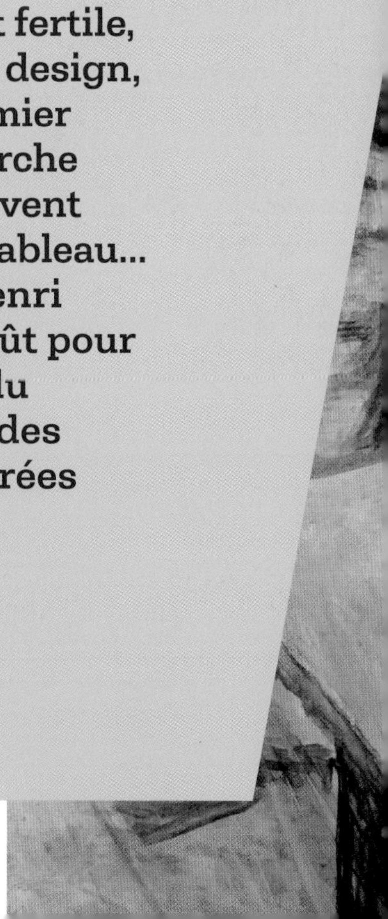

VERT D'EAU GLACÉE

C'est une couleur, le vert, qui nourrit l'inspiration des post-impressionnistes, le vert de l'absinthe dont le rituel de préparation en fait un cocktail à part entière : sur la pelle placée au-dessus du verre d'absinthe pure, disposez le sucre et versez-y goutte à goutte l'eau glacée qui viendra troubler le breuvage... Sur la *Table de café avec absinthe* de Van Gogh, devant le *Monsieur Boileau* de Toulouse-Lautrec (1893), ou dans l'*Absinthe* de Degas (1873), la fée verte est partout présente sur les toiles de la Belle Époque. On la retrouve également chez Gauguin, Ramon Casas, Jean Béraud et bien d'autres.

Mais il ne faudrait pas réduire cette fascination du pinceau pour le cocktail au Paris des artistes et aux sulfureuses tentations du génie. Que les peintres trouvent dans les cocktails une fascination toute professionnelle – ou presque –, il n'y a là rien de surprenant. La couleur et ses nuances changeantes, la forme des verres ou celle des bouteilles, la lumière à travers les glaçons, l'intérêt visuel des cocktails n'est pas à prouver. La culture cocktail entraîne avec elle tout un cortège de références, d'histoires et de symboles : un cocktail bien placé permet de symboliser sur la toile, en un détail, toute l'atmosphère d'un moment, d'un lieu ou d'une époque. Ainsi, sur le *Portrait de la journaliste Sylvia von Harden* (1926) par Otto Dix, qui est cette femme aux cheveux courts, une cigarette au bout des doigts et un monocle sur l'œil, qui ose s'afficher seule devant un cocktail à la table d'un café ? En quelques détails, l'artiste brosse le caractère émancipé de cette intellectuelle des années 1920 et capte l'esprit d'une époque de bouillonnement culturel et social en Allemagne.

LA CULTURE COCKTAIL ENTRAÎNE AVEC ELLE TOUT UN CORTÈGE DE RÉFÉRENCES, D'HISTOIRES ET DE SYMBOLES.

Page précédente :
Henri de Toulouse-Lautrec,
Monsieur Boileau au café,
gouache, 1893.
Cleveland Museum of Art.

Ci-contre : Jean Béraud,
Au café (dit *l'Absinthe*),
huile sur toile, 1909.
Paris, musée Carnavalet.

ILS VOIENT LE VERRE À MOITIÉ PEINT

I love the bottle, I want to do something (« J'adore cette bouteille, je veux en faire quelque chose ») : le design d'une bouteille de vodka plut tellement à Andy Warhol qu'il en fit le cœur d'une cinquantaine d'œuvres. Et saviez-vous que Salvador Dalí avait écrit un livre de recettes ? Nommé *Les dîners de Gala* en hommage à sa célèbre épouse et muse, ce livre renferme une rubrique « Aphrodisiaques ». On y retrouve, entre autres, une recette des plus affriolantes : le bien-nommé cocktail Casanova – jus d'orange, Campari, gingembre, brandy, poivre de Cayenne. Testé et approuvé par le maître, qui précise : « Buvez et... attendez les effets. C'est plutôt rapide ».

Bellini

- 40 ml de Création Fruits pêche 1883
- 80 ml de champagne frais

Dans une flûte à champagne préalablement rafraîchie, versez la purée de pêche et le champagne. Servez aussitôt. Variantes : le Rossini, en remplaçant la purée de pêche par du nectar ou du coulis de fraise ; le Fellini, en la remplaçant par du nectar ou du coulis de framboise.

UN VERRE AVEC GEORGIA O'KEEFFE

En 2018, c'était une artiste bien différente que le musée d'art de Caroline du Nord mettait à l'honneur dans l'exposition *The Beyond : Georgia O'Keeffe and Contemporary Art*. Pour prolonger l'exposition, les restaurateurs locaux furent invités à imaginer des recettes de cocktails à partir des œuvres de Georgia O'Keeffe. Le tableau *Small Purple Hills* inspira ainsi à l'un d'eux le cocktail Sand Hills, où se mêlent scotch, vermouth, sirop de cerise, marasquin et orange sanguine. On pourrait également citer le datura, inspiré par *Jimson Weed/White Flower n°1* : vodka, mezcal, fleur de sureau, jus d'aloès, citron et bitter.

Chacun peut ainsi s'inspirer de ses peintres favoris pour créer son propre cocktail et capturer dans les senteurs et les saveurs toute l'atmosphère de l'œuvre. Giuseppe Cipriani, par exemple, ne s'est pas contenté de rendre hommage à Bellini, il a créé le tiziano, mélange violine de prosecco et de pulpe en hommage au grand peintre Le Titien ou encore le Tintoretto au rouge flamboyant célébrant le peintre homonyme et mêlant du prosecco et du jus de grenade. L'exercice est facile à reproduire chez soi ! Pour un cocktail Monet, misez sur la douceur fleurie du sureau, de la lavande ou de la fleur de cerisier. Si vous êtes fan de Jackson Pollock, shakez vigoureusement. Et si vous avez un faible pour Jérôme Bosch, faites sauter les vannes de l'imagination, osez les associations les plus insolites et, selon vos affinités, ajoutez pour le final le piment de l'enfer ou le miel du paradis. Enfin, pour peaufiner votre œuvre, des possibilités infinies de décoration s'offrent à vous, des fleurs aux fruits, de la verrerie aux glaçons.

En haut : Affiche *Artonic*, inspirée par l'art contemporain.
En bas : Nicolas de Staël, *Bouteilles*, huile sur toile, 1954. Collection privée.

CRÉER

« Vesper », dit-elle. « Vesper Lynd ».
« Je trouve que c'est un très joli nom », répondit Bond. Il lui vint une idée.
« Est-ce que vous me permettez de vous l'emprunter ? » Il expliqua qu'il venait d'inventer une nouvelle recette de martini, et qu'il lui cherchait un nom. « Le vesper », dit-il. « Cela sonne très bien et c'est tout à fait approprié à l'heure violette à laquelle on boira bientôt mon cocktail dans le monde entier. Me permettez-vous de prendre ce nom ? ».
« Du moment que je peux le goûter d'abord... » répondit-elle.

Ian Fleming / *Casino Royale*, 1953

« Un art qui a de la vie ne reproduit pas le passé, il le continue », disait Auguste Rodin. Un siècle après, cela pourrait être la devise, joyeuse et optimiste, de la culture du cocktail. Car si le cocktail est sans conteste un art à part entière, il se range délibérément du côté des arts vivants, turbulents même. Sans renier son histoire ni les fondamentaux de tous les courants qui l'ont inspiré et nourri, il fait aujourd'hui l'objet d'un renouveau qui n'a rien à envier aux flibustiers d'antan... en termes d'audace s'entend !

Un mouvement porté par une génération d'artistes qui revendiquent une liberté de création sans frontières, sans tabou. Des bartenders qui maîtrisent à la perfection leurs gammes classiques, mais qui savent introduire *le twist* qui ouvre de nouveaux horizons de saveurs, de visuels, d'expériences. Le cocktail s'associe à tous les arts, mais, plus encore, c'est un art total, en perpétuel mouvement, servi par de nouveaux lieux, de nouveaux modes de vie, avec de nouveaux alliés trouvés du côté des épices, des plantes, des techniques... Et bien sûr des sirops, qui continuent, au sens propre, de porter haut les couleurs de l'art du Drink Design, cette discipline qui fait souffler un vent nouveau sur la mixologie.

IMAGINEZ UN MONDE...

Après les pérégrinations qui ont vu le cocktail conquérir le monde, c'est un autre voyage, enthousiasmant et sans limite, qu'il entame aujourd'hui : celui de l'imaginaire.
Il s'agit de concevoir un monde où le cocktail sort des cuivres et de l'acajou de ses bars traditionnels, où il n'est plus soumis aux codes des horaires ou de la bienséance. Un monde où le *flair* du bartender s'enrichit de nouveaux gestes, allant même jusqu'à la magie. Un monde, enfin, où le consommateur ne s'étonnera pas de découvrir dans son verre des fleurs, du bois, des glaçons extraordinaires, de la fumée colorée... Où il osera même prolonger l'aventure et, pourquoi pas, chez lui.

MAISON ROUTIN
FRANCE

6e sens

- 30 ml de sirop de citronnade 1883
- 10 cl de ginger beer Artonic
- 40 ml de vodka
- 2 traits d'Angostura
- 10 ml de sirop de miel
- 10 ml de jus de citron vert + zeste
- 5 g de gingembre

Mettez une tranche épaisse de gingembre dans un verre tumbler et écrasez-la au pilon. Remplissez le verre de glaçons, ajoutez le jus de citron vert, les sirops de miel et de citronnade et la vodka. Ajoutez deux traits d'Angostura. Complétez avec le ginger beer et remuez doucement. Décorez éventuellement avec une framboise et du zeste de citron vert.

CINQ SENS, ET PLUS SI AFFINITÉS

Si le goût reste évidemment l'épicentre du cocktail, il n'en est plus la seule destination. Tous les autres sens sont désormais convoqués. La beauté du verre et de la « robe » du cocktail nous sont déjà familiers, mais l'œil est maintenant sollicité par d'autres matières, d'autres formes, d'autres couleurs. Notre cher blue lagoon est concurrencé par des arcs-en-ciel subtils, des couleurs d'orage ou de rosée... Quant au nez, il s'était depuis longtemps habitué à déceler les senteurs poivrées, et la menthe n'avait pas de secret pour lui : le voici penché sur des feuilles de plantes inconnues au parfum indéfinissable, des épices que l'on croyait oubliées. Même la main explore de nouvelles sensations : des verres surréalistes que Dalí ne renierait pas, des chauds-froids inédits. L'oreille pour sa part traduit de nouvelles partitions ou de nouvelles formes musicales pour mieux préparer nos papilles à un parcours gustatif. Les cinq sens ne suffisent décidément pas à épuiser les sensations que peut apporter ce nouveau concept de cocktail, d'autant qu'elles diffèrent d'un verre à l'autre, selon le moment, le lieu, le climat... Il y a dans notre verre un niveau supplémentaire de perception. Le fameux sixième sens, qui est, bien sûr, déjà une recette de cocktail !

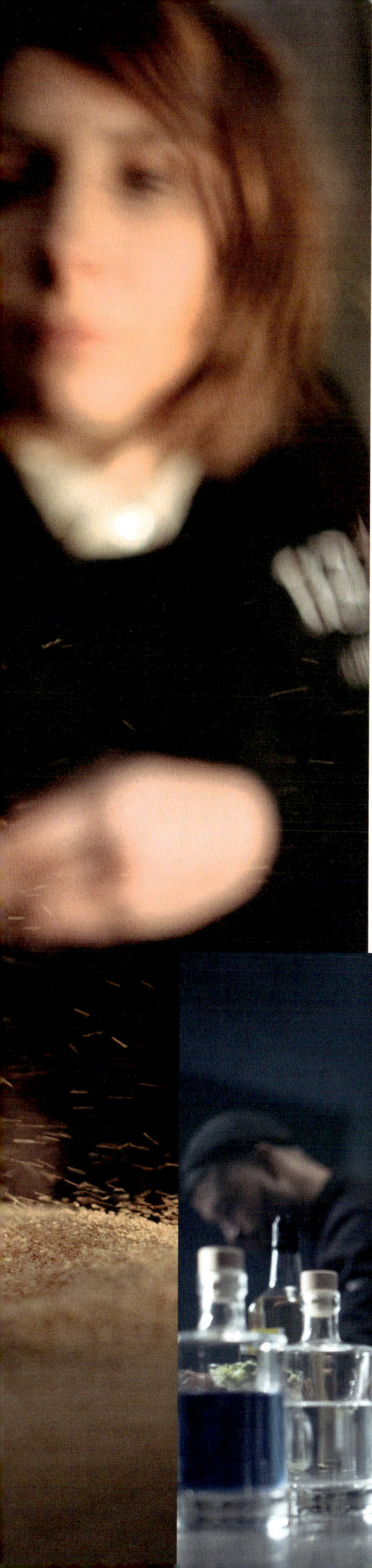

POP ART

Un art oui, mais populaire ! Imaginez que vous puissiez sortir du musée du Louvre avec votre œuvre préférée sous le bras : c'est bien cela que propose le cocktail. Une expérience culturelle accessible que chacun peut s'approprier et même adapter selon l'humeur du jour.
Après avoir été perçu comme une pratique intimidante, complexe ou trop technique, le cocktail retrouve la fraîcheur et la spontanéité des siècles passés, quand voyageurs ou artistes n'hésitaient pas à jeter aux orties les bonnes manières pour inventer de nouvelles recettes, de nouvelles combinaisons. Avec quelques alcools de qualité, des sirops disponibles presque à l'infini, quelques fruits et épices, beaucoup d'imagination, c'est un patrimoine entier que nous pouvons réinventer librement.

Picasso

- 10 ml de sirop de sucre de canne 1883
- 4,5 ml de cognac
- 1,5 ml de Dubonnet rouge
- 1,5 ml de jus de citron vert
- Zeste d'orange

Versez tous les ingrédients dans un shaker rempli de glaçons, secouez puis versez dans un verre old fashioned rempli de glaçons. Ajoutez le zeste d'orange.

Parisian

- 20 ml de vermouth rouge Routin
- 10 ml de sirop de cassis 1883
- 40 ml de gin
- 1 zeste de citron

Dans un shaker rempli de glaçons, versez le gin, le vermouth et le sirop, puis agitez vivement pendant 8 à 10 secondes. Filtrez au-dessus d'un verre à martini. Placez le zeste dans le verre et servez aussitôt.

FRENCH TOUCH

La rigueur classique pour mieux bousculer la tradition ? C'est la meilleure définition de la French Touch : créer des nouveautés qui se transforment instantanément en classiques. Et la culture cocktail est devenue l'un de ses fleurons. Contrairement aux Anglo-Saxons, qui travaillent essentiellement à partir d'alcools forts, les Français ont développé un savoir-faire à part, dès le XIXe siècle, privilégiant les liqueurs et vins doux, qui reviennent en vogue, ou même le prestigieux champagne. Moins de puissance en alcool, mais plus de diversité dans les goûts, notamment végétaux. La qualité de la production sirupière française est ainsi internationalement reconnue. Les mixologues français ont également pris plus de liberté avec les « incontournables » historiques que sont le whisky ou le gin, empruntant des chemins originaux. Paris est redevenue l'une des capitales du cocktail, mais cette fois avec une culture singulière et pleine de panache, sans l'aide des barmen américains réfugiés en France sous la Prohibition...

RÉVOLUTIONS À TOUS LES ÉTAGES

C'est gravé au frontispice de toutes les bibles des cocktails : le cocktail est l'art d'associer un alcool fort à des ingrédients qui viennent en adoucir le goût et l'enrichir. Mais les plus longs règnes ne sont pas à l'abri des révolutions, et pour les cocktails, ce fut le succès des drinks sans alcool, définitivement sortis du purgatoire des pâles copies des versions alcoolisées pour devenir de vrais petits chefs-d'œuvre créatifs où les saveurs et les ingrédients, sirops ou épices, compensent largement l'absence de spiritueux. Il s'agit également de diminuer la consommation d'alcool, mais aussi d'ajouter encore plus de liberté à notre rapport aux cocktails, que l'on peut alors consommer sans modération.

Habibi

- 100 ml de tonic Artonic
- 30 ml de sirop d'hibiscus 1883
- 30 ml de jus de citron vert frais
- 20 ml d'eau de litchi
- 3 framboises fraîches
- 3 feuilles de basilic

Dans un shaker, écrasez les framboises et les feuilles de basilic à l'aide d'un pilon. Ajoutez quelques glaçons et versez le sirop, le jus de citron et l'eau de litchi, puis agitez vivement pendant 8 à 10 secondes. Filtrez au-dessus d'un verre à pied, puis ajoutez-y le tonic. Servez aussitôt.

MANIFESTE

DRINK DESIGN :
LE COCKTAIL EN MOUVEMENT

Porté par l'idée que la liberté qui a fondé l'histoire de la culture du cocktail doit continuer à être défendue et cultivée, un mouvement inédit a été créé à Paris en 2021. Son nom : le Drink Design, qui a inspiré le titre de ce livre. Une appellation anglaise pour être compris dans le monde entier, mais un concept bien français, sous l'impulsion de Routin 1883.

Les fondateurs viennent d'horizons différents mais complémentaires : un maître sirupier 1883 (Hélène Miralles), une designer culinaire (Julie Rothhahn), un chef mixologue (Matthias Giroud), un barista (Nir Chouchana), un chef (Mehdi Favri). Cinq regards, cinq langages pour une même soif d'audace.

Leur objectif : faire rayonner la culture française, le savoir-faire et l'expérience du Drink Design à travers le monde. Leur hymne : un manifeste iconoclaste qui dépasse largement le monde des professionnels de la mixologie. Car la culture du cocktail doit par définition être généreuse : un cocktail n'est pas un exercice de virtuosité, mais un moment partagé avec celui qui va déguster. Un manifeste, oui, mais ouvert à tous les défenseurs de saveurs créatives et émotionnelles.

À LA LIBERTÉ DU DRINK ! NOUS, DRINK DESIGNERS, CULTIVONS LA LIBERTÉ D'EXPRESSION DU GOÛT SOUS TOUTES SES FORMES.

1 **Créons des expériences sous l'empire des sens.**
Faisons vivre les émotions du goût. Proposons un *drink momentum* à l'état pur, au-delà de la mixologie. Laissons notre énergie créative surprendre nos hôtes. Racontons une histoire. Mettons-la en scène. Créons un imaginaire de sensations. Créons de nouveaux nuanciers polysensoriels : et si on avalait d'un trait une Ferrari sur la ligne de départ ? Et si on buvait un conte de fées ?

2 **Unissons toutes les disciplines créatives.**
Innovons : que les talents des arts de la table, de la scénographie, de la composition sonore, du design… s'unissent dans un élan pluridisciplinaire. Collectivement, ouvrons les possibles et repoussons les limites : du verre au design sonore, conjuguons l'équilibre entre le goût et la lumière, l'harmonie entre la texture et les accessoires, l'accord entre le parfum et le décor.

3 **Faisons place à la haute sironomie et aux *syrup drinks*.**
Changeons notre canevas créatif. Révélons le sironome qui est en nous. Libérons nos drinks grâce au sirop : il offre une palette de créativité inédite. Il ose les mélanges, les folies gustatives, sans limite ou presque… C'est un moteur artistique puissant ! Il a les goûts de la vie, de toutes les émotions de notre vie.

4 **Cocréons un rituel inspiré.**
Nos drinks sont bien plus que des boissons. Devant nos hôtes, fusionnons la préparation avec la dégustation pour qu'ils deviennent les protagonistes d'un rituel scénographié ensemble : goûter un drink devient un moment créatif partagé.

5 **Revendiquons le drink pairing.**
Dans la pure tradition française des accords, associons les plats aux drinks, et non l'inverse. Invitons les chefs à explorer nos créations pour qu'ils harmonisent leurs mets sur mesure. L'énergie liquide infuse le solide.

6 **Mettons en scène des histoires.**
Racontons l'histoire de nos drinks. « Storytellons » leur préparation et habillons leur dégustation d'un récit et de gestes. Avec fierté et éloquence, dans la grande tradition des *showmen* de salle, contons nos savoir-faire et la magie du goût : l'imaginaire se boit et se raconte.

7 **Instituons le Drink Design comme un art.**
Investissons l'art de l'émotion et créons une drink maestria. Du cocktail de palace au chocolat chaud gourmand, développons nos techniques et élargissons les ressentis. Nous, Drink Designers, mixologues, baristas, designers, chefs, storytellers, voulons des drinks qui stimulent l'imaginaire, les émotions et les sens, sans limite, sans contrainte. Collectivement, nous ouvrons de nouveaux horizons : chaque drink est une histoire à boire. Chaque dégustation est une expérience polysensorielle unique.

“

Passionné de gastronomie, voyageur curieux et ouvert aux découvertes, je suis imprégné de la volonté de diffuser à travers le monde la richesse créative de l'univers du sirop que j'ai découvert grâce à Routin, et cette sironomie si française mérite que l'on s'y attarde. Nous sommes à l'origine d'un mouvement : le Drink Design. Il s'est imposé à nous comme concept, puis comme une nécessité pour apporter aux professionnels du bar une nouvelle aura et un nouvel horizon. Aujourd'hui, avec le soutien de 1883 et sous l'impulsion d'un collectif pionnier, nous avons la possibilité de vivre et partager des expériences de dégustation uniques, inédites et porteuses d'émotions. Elles sont nourries d'histoires de vie et sont capables de faire le tour du monde, embarquant avec elles l'énergie créative, les savoir-faire, les techniques, les talents que la France apporte au monde du drink.

Loïc Couilloud
Président de Routin 1883

L'ART DU PALAIS

Bonne nouvelle pour les épicuriens : la gastronomie n'est pas près de se laisser enfermer dans un conservatoire. L'art culinaire ne cesse en effet de repousser ses frontières : influences tous azimuts, flirt prolongé avec la science moléculaire, associations disruptives… Son nouveau territoire de jeu : la gastronomie liquide. Les ressources ? Inépuisables. Les limites ? L'imagination. Curnonsky et Brillat-Savarin n'auraient pas rêvé mieux…

Difficile de croire qu'il y eut un temps où les restaurants les plus sophistiqués proposaient toute l'année trois vins rouges et blancs quel que soit le menu. Une hérésie vite balayée par l'essor de l'œnologie et l'apparition des sommeliers. Depuis quelques années, c'est une autre révolution qui vient agiter nos papilles : le food pairing ou l'art d'associer autrement les saveurs. Pourquoi se cantonner au vin pour accompagner les plats alors que nous avons à notre disposition quantité d'autres boissons ? On peut citer la bière, le saké ou le thé, que les grands chefs ont déjà inclus dans leurs menus, mais aussi la palette infinie des cocktails. Le cocktail pairing entre enfin dans « l'art de vivre à la française » par la grande porte, y compris au pays des grands vins !

Oublié le temps où les barmen étaient relégués derrière le comptoir : les mixologues ont non seulement franchi les portes des cuisines, mais ils dialoguent désormais avec les plus grands chefs. Un amour payé en retour, puisque les toques étoilées se sont mises à créer de nouvelles recettes de cocktail !

QUAND 1 + 1 = L'INFINI

L'essence du *pairing* : étonner à la fois le nez et le palais, en créant un équilibre entre mets et boisson, de façon à ce que la combinaison mette en valeur les deux éléments. Résultat : une expérience dépassant les saveurs des deux ingrédients, et déclinable à l'infini, parfois insolite, toujours stimulante.

Associer un cocktail à un plat n'est pas toujours facile, en raison de la diversité des arômes et saveurs d'une même préparation, et de leur versatilité du début à la fin de la dégustation. Mais le principe du pairing est justement celui de l'aventure. Il n'est pas étonnant que l'un des premiers restaurants à proposer des menus mets-cocktails à Paris soit d'inspiration franco-asiatique. Le bartender Amaury Guyot, associé au chef japonais Taku Sekine, y a entièrement repensé le concept de bar à cocktails : servis avec un menu, avec une teneur en alcool réduite, les cocktails tiennent lieu à la fois d'assaisonnement et de révélateurs. Un exemple : une entrée à base de poisson cru présentée avec un cocktail sec à base de vermouth.

Vermouth, sherry, vin doux, dont la palette est immense, se retrouvent fréquemment dans les nouveaux food pairing car ils ne masquent pas les saveurs du plat. À l'initiative du cognac Camus, le chef Kei Kobayashi et le bartender Thierry Malikian ont ainsi imaginé un petit chef d'œuvre de goût et de poésie : une assiette autour de la langoustine et de la pêche de vigne, sublimée par un cocktail à base de cognac, de vin de Xérès et de thym, additionné de bergamote pour la fraîcheur et de fève tonka pour la rondeur.

> **La gastronomie est l'art d'utiliser la nourriture pour créer le bonheur.**
> **Théodore Zeldin**
> Historien britannique, spécialiste de la culture française

« COMME UNE SAUCE RELÈVE UN PLAT »

Les multiples collaborations entre chefs et bartenders montrent à quel point la mixologie est partie prenante de la gastronomie. Le cocktail ne doit pas seulement respecter l'intention gustative du plat, il peut littéralement la transformer. Un cocktail épicé peut donner du relief et chahuter de façon originale une combinaison de saveurs délicates et fraîches. Un cocktail frais et fruité peut calmer un plat très relevé. La saveur iodée d'une assiette de la mer peut trouver un écho plus terrien avec du gin, ou à l'inverse être exaltée par un cocktail fleuri.
En retour, le plat lui-même change la perception que nous avons des notes gustatives du cocktail.
Les résultats sont époustouflants de créativité, au point qu'il est difficile de choisir parmi les exemples. À Lausanne, Rémy Savage s'est associé à la cheffe Anne-Sophie Pic pour des dégustations inédites : un cocktail à base d'infusion de géranium rosat et d'estragon servi avec du tourteau, ou un cocktail composé d'amandes et de shiitake pour sublimer un baba et une crème de gruyère.
Le cocktail agit « comme une sauce relève un plat » selon les termes du mixologue.
La cheffe Alexia Duchêne a pour sa part revisité un Moscow mule avec de l'estragon pour accompagner du saumon cru. Elle a imaginé aussi un cocktail à base de jus de pastèque, jus de citron vert, rhum, amer italien, sirop de sucre et piment pour accompagner un tartare de thon au fruit de la passion.

BAR-CUISINE, ALLER-RETOUR

Dans certains cas, l'échange entre la cuisine et le bar est très pragmatique, presque expérimental. Dans les Landes, le chef Lucas Maraton fait infuser des peaux de topinambour grillées et du vinaigre de maïs noir dans du porto ou de l'absinthe. À Bordeaux, le chef Félix Clerc explique que, au lieu de jeter les épluchures de carottes, il les fait infuser. Il accompagne aussi son carpaccio de poulpe d'une crème de poivron au mezcal ou son ravioli poulet-shiitake d'un bouillon de volaille flambé au rhum overproof.

D'autres chefs, tels Mauro Colagreco ou Alexandre Mazzia, ont également exploré de nouvelles combinaisons avec des cocktails sans alcool en s'appuyant notamment sur les possibilités immenses des sirops, qui offrent une réserve de goûts et de couleurs illimitée, comme le sirop maison de cosses de petits pois de Félix Clerc, par exemple.

Ils ne créent pas des plats, mais des concentrés de saveurs : les chefs sirupiers ont en effet reculé les frontières, en s'aventurant avec succès sur la voie des ingrédients rares et réputés difficiles à maîtriser. Citons par exemple les sirops à la truffe, à la morille, à l'huître ou au homard créés par la marque de sirops 1883.

DES MIXOLOGUES TOQUÉS

De leur côté, les mixologues ont emprunté sans complexe les techniques de la haute gastronomie, expérimentant dans leurs laboratoires des savoir-faire de tous horizons. Ils étendent encore les possibilités en termes de matières et de saveurs, et sont à l'origine de nombreuses innovations. Technique du sous-vide, espuma, flambage, cuisson, fumigation, fermentation, gélification, clarification, décoction, infusion à froid, macération, sirops : gastronomie et cocktail ne font désormais qu'un seul art.

Car à ce stade, il ne s'agit plus de pairing, mais bien de fusion : entre les textures, les saveurs, les parfums, le solide et le liquide. On « mange » un cocktail comme on déguste un plat. Citons, parmi tant de créations exceptionnelles, le cocktail Vague de Christ-Eaux de Christopher Gaglione, à base de fruits et d'émulsion d'eau de mer, qui se déguste dans une coquille d'huître avec un medley huîtres langoustines et combava de Christopher Coutanceau.

Où s'arrête le plat, où commence le cocktail ? Le palais, ébloui, refusera, avec raison, de choisir. La voie était toute tracée pour l'ultime métamorphose gastronomique du cocktail, constitutive du Drink Design : le drink pairing, quand c'est le plat qui est conçu pour accompagner le cocktail. À partir d'une boisson aux arômes complexes, bartenders et chefs travaillent ensemble pour chercher les gammes de saveurs, les molécules compatibles qui viendront approfondir et prolonger l'expérience du cocktail.

EPICES

Retour aux sources

C'est avec les épices que l'aventure a commencé, c'est avec elles qu'elle continue ! Le cocktail est né avec la cannelle ou la noix de muscade que l'on ajoutait à l'arak ou au rhum. Aujourd'hui, si les bartenders renouent avec cette « mondialisation des saveurs », il ne s'agit plus désormais de masquer les goûts de la boisson, mais, à l'inverse, d'en révéler toutes les nuances, des plus douces aux plus puissantes.

Les épices ne jouent plus les seconds rôles dans la mixologie : elles nous font redécouvrir sous un nouveau jour les recettes les plus classiques, à qui elles offrent une nouvelle jeunesse. Le gin, par exemple, s'offre des variations inédites et stimulantes : réglisse, fenouil, cumin, clous de girofle, coriandre, curry, carvi… Avec les cocktails sans alcool, elles se révèlent indispensables pour donner relief et densité.
Utilisées sous forme naturelle, en décoction, en infusion ou encore en sirop, les épices transforment les bartenders en alchimistes modernes, dont les potions magiques, très maîtrisées, renouent avec l'essence même de la mixologie.
Plusieurs siècles après, ils redécouvrent ainsi les vertus gustatives du poivre, n'hésitant pas à provoquer nos palais avec ses dizaines de nuances. Parmi eux, le fameux poivre de Kampot, avec son piquant nuancé offrant une sensation unique de chaleur, ou encore le superbe poivre Timut et son étonnant goût de pamplemousse, sans oublier le poivre de Sichuan qui fait délicieusement picoter la langue.
Vanille, cannelle et gingembre sont bien sûr déjà des classiques, ouvrant la voie à de nouveaux venus, comme l'incontournable curcuma, utilisé pour ses saveurs chaudes et sa couleur, ou bien la famille des piments, sensationnelle au sens propre. Bien apprivoisés, notamment sous forme de sirop, les piments permettent de prolonger la sensation en bouche du cocktail, le fameux *after taste* recherché par les bartenders. Le piment jalapeño, le plus doux, relève de nombreuses compositions, dont les margaritas. Mais à tout seigneur, tout honneur : on rencontre de plus en plus souvent le piment de Cayenne, parfois adouci de cannelle, et qui donne à lui seul une nouvelle dimension à l'expérience du cocktail.

Swizzle français

- 8 ml de sirop de falernum 1883
- 10 ml de sirop de sucre de canne 1883
- 60 ml de rhum blanc cubain
- 15 ml de jus de citron vert
- 1 pincée de muscade

Versez tous les ingrédients dans un verre à mélange rempli de glaçons. Remuez à l'aide d'une cuillère à mélange, puis versez dans un verre highball.

LE LANGAGE DES ÉPICES

Mais les épices ont bien d'autres registres que la force, elles peuvent rendre un mélange encore plus subtil, comme l'indispensable cardamome qui peut, selon les cas, apporter des touches poivrées, boisées, citronnées, camphrées. Elle se révèle parfaite pour remplacer l'amertume des bitters dans les cocktails peu ou pas alcoolisés. La noix de muscade, elle, donne plus de personnalité aux boissons à base de fruits, mais peut aussi, comme la fève Tonka, accompagner le café et le chocolat. Comme en cuisine, la maîtrise des épices est une science, par laquelle on apprend peu à peu à élargir ses gammes. Les épices peuvent aussi se combiner entre elles pour former un alliage encore plus original. C'est le cas du classique quatre épices, qui sert par exemple de modèle au sirop Épices Ambrées 1883 : cannelle, clou de girofle, vanille, gingembre. Le monde des épices est assez vaste pour imaginer une infinité d'équilibres, s'aventurant dans les nouveaux chemins où la culture liquide rejoint la haute gastronomie.

Cocktails et potions magiques

Les jeunes mixologues seraient surpris de se voir comparer aux alchimistes d'antan. Et pourtant, leurs étranges potions magiques sont bien les ancêtres de nos cocktails, comme le rappelle Adrien Quillien, champion de France de magie et barman diplômé de l'école Ferrandi.

À une époque où médecine, science et religion étaient étroitement liées, les phénomènes non expliqués étaient considérés comme magiques. Les potions, philtres, élixirs faits pour soigner avaient aussi un puissant caractère magique et spirituel, puisqu'on considérait qu'ils soignaient les maladies envoyées par les dieux. Ces remèdes à base d'alcool sont présents dans toutes les pharmacopées du monde. Dans certaines cultures, comme chez les Incas ou les Grecs, les préparations fermentées ont même été considérées comme un moyen de se mettre en lien avec les divinités. Des préparations composées d'ingrédients tels que les herbes, les épices, les sirops, reconnus pour leurs propriétés miraculeuses, ont traversé le temps et les générations. « Pour moi, la magie de ces boissons réside dans la façon dont elles rassemblent les gens durant les fêtes, cérémonies et rituels, comme le cocktail qui est aujourd'hui une manière de célébrer la vie », affirme Adrien Quillien. Aujourd'hui, il continue de faire vivre ces fabuleuses potions magiques à travers des recettes spectaculaires, pleines de féerie, et lors de spectacles où alcool et spiritueux ont une place de choix.

Voodoo

- 20 ml de vermouth rouge Routin
- 10 ml de sirop de sucre de canne 1883
- 40 ml de rhum ambré jamaïcain
- 100 ml de jus de pomme
- 10 ml de jus de citron vert

Versez tous les ingrédients dans un shaker rempli de glaçons. Agitez vivement pendant 8 à 10 secondes, puis filtrez au-dessus d'un verre highball. Servez aussitôt.

Magic bus

- 15 ml de sirop de cranberry 1883
- 30 ml de tequila
- 15 ml de jus d'orange
- 5 ml de jus de citron vert
- 5 ml de Cointreau

Versez tous les ingrédients dans un shaker rempli de glaçons. Agitez vivement pendant 8 à 10 secondes, puis filtrez au-dessus d'un verre à martini. Servez aussitôt.

LA VRAIE MAGIE DE CES MIXTURES RÉSIDE DANS LEUR CAPACITÉ À RASSEMBLER.

1883
FRANCE

LE MONDE DANS UNE BOUTEILLE

Aux côtés de la saga du cocktail, aventureuse et trépidante, chemine une autre histoire, qui pour paraître plus sage, n'en est pas moins étonnante : celle des sirops. Les deux univers se sont sans cesse côtoyés, enrichis mutuellement, jusqu'à devenir aujourd'hui inséparables. Peut-on imaginer aujourd'hui des cocktails sans les couleurs et l'éclat des sirops ?

UN SECRET EN PARTAGE

Comme dans toute belle histoire, il y a d'abord la légende des origines. Celle des croisés qui, au XIe siècle, goûtent au Moyen-Orient une boisson sucrée, le charâb, qu'ils rapportent en Europe, la rebaptisant au passage d'un nom latin, le *sirupus*. En réalité, Grecs et Romains maîtrisaient déjà la production du sirop : le *defrutum*, en particulier de raisin, était d'usage courant pour aromatiser les boissons. Quant à la grenadine originelle, simple sirop de grenade, elle faisait déjà les délices de tout le bassin méditerranéen.

À la base de la création d'un sirop, il y a les émotions, les souvenirs, un imaginaire qui guident la recherche des saveurs, du goût. Pour qu'il soit intense, il faut ouvrir tous nos sens et laisser les sensations nous envahir... Le sirop libère la créativité au-delà de la mixologie et du verre.

Hélène Miralles
Maître sirupier 1883

DE GOÛT ET D'EAU FRAÎCHE

Mais c'est bien en France que le sirop va entrer dans la gastronomie, et par la grande porte : celle de Versailles. Vatel, le fameux cuisinier de Louis XIV, fait découvrir à la cour les possibilités qu'offre le sirop de sucre d'abord, puis de plantes et de fleurs comme le sureau et la rose. La mode du sirop est lancée, et les déclinaisons se multiplient, avec en particulier un sirop de mélange de fruits rouges qui va connaître une brillante destinée, sous le nom de grenadine. Le sirop s'impose définitivement au XIXe siècle, avec les grands classiques que sont le sirop d'orgeat, de cerise, de framboise, de violette, d'agrumes, etc.

Ce que le storytelling royal ne dit pas, c'est que cet art du sirop est le fruit du travail d'artisans inspirés et audacieux, qui arpentent inlassablement les prairies et les montagnes pour dénicher les meilleures plantes, l'eau la plus pure, les fruits les plus succulents. Ce sont ces herboristes, souvent autodidactes, et leur travail obstiné qui ont produit ce qui est aujourd'hui un bastion de la gastronomie française : la sironomie.

UN CERTAIN JOUR DE 1883...

Philibert Routin, herboriste passionné, multiplie dans son laboratoire de Chambéry les combinaisons de plantes, de poudres de fleurs et de racines... Son but : créer un vermouth local aux saveurs uniques. Il consignera dans son cahier sa précieuse recette, élaborée à partir de 35 épices et plantes. Le contexte s'y prête : au cœur des Alpes, l'air de la montagne, la pureté de l'eau, la diversité de la végétation lui offrent des ressources incomparables. Il met sa science au service des sirops, qu'il met au point avec une grande rigueur teintée d'imagination et qu'il livre notamment aux bars de la ville. L'histoire de la marque Routin et de la mixologie commence. Au XXe siècle, les vallées des Alpes s'ouvrent, les échanges s'accélèrent, et la vogue des sports d'hiver attire de nombreux touristes. Les sirops Routin sont déjà des classiques dans la région, ils parcourent désormais le pays, avant de franchir l'océan. Aux saveurs traditionnelles s'ajoutent des essences venues d'ailleurs : vanille, gingembre, cannelle, café, cacao... La sironomie était déjà une science, elle devient un « laboratoire d'émotions » ouvert sur le monde entier. La date de 1883 devient un label, une référence pour les bartenders internationaux. Mais la marque garde toujours les pieds solidement plantés dans sa vallée fleurie de Chambéry.

MELTING POT

Comme leurs ancêtres romains, les créateurs de boissons ont tout de suite mesuré le fabuleux potentiel des sirops : la richesse de la palette de saveurs et de couleurs, la possibilité de doser le goût, de la touche la plus subtile à l'arôme franc, la facilité de conservation... il n'en fallait pas plus pour consacrer le tandem cocktail-sirop et lui assurer une postérité exceptionnelle, avec ou sans alcool.
Dans la culture populaire du cocktail, le sirop est omniprésent sur tous les continents. Citons le célèbre Monaco, bière, limonade et grenadine, mais aussi tous les sunrises, les cocktails avec du sirop de menthe, le pink lady ou le Bellini... La liste est infinie, d'autant que tous les cocktails classiques peuvent être twistés par un trait de sirop. Mais le sirop est désormais au cœur même des créations de nouveaux cocktails, dont il est parfois la source d'inspiration. Une même saveur permet d'imaginer des déclinaisons multiples. Indissociable des cocktails avec peu ou sans alcool, le sirop permet de créer des recettes originales, riches en goût, avec des saveurs denses et profondes. Les sirops tendent désormais à remplacer les spiritueux dans le mouvement du Drink Design. Pourquoi s'interdire d'inventer encore ? Pour fêter le cinquantième anniversaire de l'indépendance de Singapour, un sirop d'orchidée a été spécialement créé par Routin pour remplacer la grenadine du Singapore sling par l'orchidée, emblème national... D'autres saveurs inattendues, comme le pop-corn ou le baobab, viennent chaque année enrichir la palette des mixologues.
Une histoire qui est loin d'être terminée !

UN ORGUE DES SAVEURS

Les sirops et la musique partagent beaucoup de choses : on parle de notes de fond, de tête, de cœur, ou encore de la partition aromatique des sirops, ils se déclinent en gammes, permettent toutes les compositions, y compris l'improvisation, ils ont tous les deux des langages d'émotions. Chez Routin, les sirops 1883 ont leurs propres tempi :

- **classique, pour les intemporels comme la vanille, la cannelle, la rose…**
- **jazz, pour les plus subtils et intenses comme la pomme verte, l'amaretto, la pistache, l'orgeat…**
- **rock, pour les boosters tels l'anis, le peppermint, le yuzu ou la réglisse…**
- **pop, pour les nostalgiques : le bubble-gum, la cerise, le chamallow et la grenadine…**
- **reggae, avec les exotiques et les sensuels comme l'ananas, le mojito, le gingembre…**
- **R'n'b pour les gourmands comme le caramel au beurre salé, le tiramisu, le speculoos…**

Chaque cocktail raconte une histoire

Cette découverte de la culture du cocktail ne pouvait se terminer sans un autre voyage, celui des sensations. Voici sept expériences inédites, où se conjuguent toutes les dimensions de cet univers exceptionnel qu'est celui du Drink Design : patrimoine, inspirations venant de tous les horizons, audace conceptuelle, recherche visuelle, richesse des sirops, art culinaire, pairing… Ces dégustations hors normes sont accompagnées de recettes qui permettent de les reproduire chez soi. Elles constituent aussi un cahier d'inspiration, avec des idées originales d'associations et de mises en scène.

Sept histoires qui racontent le monde, avec le langage d'un art unique, celui du Drink Design.

Les ingrédients des recettes peuvent bien sûr être adaptés selon les disponibilités : une plante ou un agrume peut en remplacer un autre d'un goût similaire, une boisson spécifique se substituer à une autre de la même famille. L'essentiel est de conserver l'équilibre entre les saveurs, et d'utiliser toujours des produits de la meilleure qualité.

Sensations rouges 1883

OU COMMENT TRADUIRE TOUTES LES NUANCES D'UN SENTIMENT EN EXPÉRIENCE LIQUIDE, EN TROIS DÉGUSTATIONS AVEC ALCOOL FORT, LOW ALCOHOL ET NO ALCOHOL.

Rouge comme le cœur qui bat. Le rouge des émotions indicibles qui nous envahissent et nous soulèvent. Qui nous glacent et nous brûlent avant de fusionner. Le rouge des sentiments qui s'expriment pleinement dans ces trois cocktails qui vont stimuler tous nos sens.

Tout commence par la puissance. Se sentir vivant, inventif, invincible. On ressent d'abord l'énergie intense du glaçon au sirop de framboise, puis le cocktail montre toute sa force à mesure qu'il se dilue au contact du gin maison aux trois agrumes, renforcé par la fraîcheur incisive du verjus.

Vient ensuite le moment de la colère, couleur de lave de volcan, couleur révolution. Une création élégante, servie chaude, dans laquelle on perçoit le feu qui couve. Épicé au piment de Cayenne qui fait monter le feu à la tête une fois en bouche, le cocktail à faible teneur en alcool est équilibré avec un muscat à l'ortie et une touche de verjus pour l'acidité. Sur le verre, un disque de chocolat rouge tempère la chaleur pour apporter de la rondeur et de la douceur.

Enfin vient le temps de la passion. Rouge comme le baiser, le coucher de soleil, une caresse sur le palais. Une expérience sans alcool, inspirée de la nature avec l'hibiscus, une fleur unique avec une couleur naturelle. C'est elle qui insuffle la passion au soda maison au fruit de la passion et à la menthe sauvage. Une fois la boisson terminée, une fleur d'hibiscus confite au sirop et trempée dans la poudre de gingembre prolongera la dégustation.

Rouge puissance

- 1 glaçon de sirop de framboise 1883
- 50 ml de gin macéré aux trois agrumes
- 15 ml de verjus

Mélangez le gin et le verjus et faites-les refroidir dans un verre à mélange avant de verser le tout dans une petite carafe. Placez le glaçon au sirop de framboise dans un verre old fashioned puis versez le mélange gin-verjus. Servez à la minute.

Pairing : Tataki de thon rouge à la framboise.

POUR LE GIN MACÉRÉ AUX TROIS AGRUMES :

- 1 bouteille de gin (700 ml)
- 15 g d'écorces d'orange
- 10 g d'écorces de citron vert
- 10 g d'écorces de pamplemousse

Laissez macérer à température ambiante pendant 24 heures et filtrez à la passoire fine. Conservez à température ambiante.

POUR LE GLAÇON AU SIROP DE FRAMBOISE :

Pour 500 ml : mixez 400 ml d'eau minérale naturelle et 100 ml de sirop de framboise 1883. Mélangez et versez dans votre moule à glaçons, laissez prendre au congélateur.

Rouge colère

- 10 ml de sirop de piment de Cayenne 1883
- 50 ml de muscat infusé aux feuilles d'ortie
- 10 ml de verjus
- 1 disque de chocolat rouge plus large que le verre

Placez votre glaçon dans votre verre old fashioned, fumez le verre avec votre pistolet à fumée (*smoking gun*) et recouvrez avec le disque de chocolat. Mélangez tous les ingrédients et faites chauffer à la buse vapeur du percolateur ou dans une bouilloire. Versez doucement sur le disque de chocolat jusqu'à ce qu'il se perce et que la fumée s'échappe. Continuez de verser doucement. Servez à la minute au moment de la dégustation.

POUR LE MUSCAT INFUSÉ AUX FEUILLES D'ORTIE :

- 1 bouteille de muscat (700 ml)
- 10 g d'ortie séchée, bio de préférence

Infusez à température ambiante pendant 24 heures et filtrez à la passoire fine. Conservez à température ambiante.

Rouge passion

- 20 ml de sirop d'hibiscus 1883
- 150 ml de soda maison passion-menthe
- Poudre de gingembre, poudre d'hibiscus
- Fleur d'hibiscus confite

Remplissez un verre old fashioned de glaçons. Versez votre soda maison sur vos glaçons, et placez le sirop dans une petite fiole. Commencez par tremper la fleur d'hibiscus confite dans la poudre de gingembre et ensuite placez-la dans le verre. Versez le sirop dans le verre. Servez à la minute au moment de la dégustation.

POUR LE SODA MAISON PASSION-MENTHE SAUVAGE :

- 1 litre d'eau minérale naturelle
- 40 g de pulpe de fruit de la passion frais
- 15 g de menthe fraîche

Infusez à froid pendant 24 heures au réfrigérateur et filtrez à la passoire fine. Remplissez votre siphon à soda et gazéifiez avec une cartouche de gaz. Conservez au frais.

Broyer, tourner, sentir, notre convive est acteur de l'histoire et éveille ses sens tout au long du rituel en préparant son drink avec nous.

Nir Chouchana

Roots

UN COCKTAIL POUR SE CONNECTER À LA TERRE MÈRE, EN METTANT L'ACCENT SUR L'EXPRESSION DES SENS : ODEURS, SONS, GOÛTS.

Le baobab est l'arbre de vie, le gardien du passé, du présent et du futur. Le griot, dépositaire de la culture orale ancestrale, dit que le baobab puise ses forces dans le ciel pour nous donner la vie. Reconnectez-vous à la terre. Posez vos mains, sentez le bol tourner entre vos doigts, humez les parfums qui se développent. Terre, feu, eau, vitalité, empreinte. Gorgez-vous de sève pour vous ressourcer, jusqu'à ce que votre esprit retrouve ses racines.
Voici l'affogato, glace lactée à base de sirop de baobab à laisser fondre ou à déguster à la cuillère. La racine est ancrée dans la terre, goûtez et sentez les notes acidulées de la sève de bouleau, la subtilité du baobab et ses notes herbacées.

Grand bol de pâte de baobab

- Sirop de baobab 1883
- 20 g de poudre d'hibiscus
- 20 cl de jus de sève de bouleau chaud
- 1 boule de glace au sirop de baobab

Dans un grand bol, versez du sirop de baobab sur la poudre d'hibiscus jusqu'à obtention d'une pâte épaisse et collante. Formez une quenelle. Versez le jus de sève de bouleau chaud sur la quenelle. Formez entre deux cuillères à soupe une boule de glace vanille-baobab, et déposez-la sur le mélange, comme un affogato. Tournez le bol afin de mélanger le tout.

Pairing : Emballez un morceau de patate douce dans une feuille de maïs et faites-le cuire dans une croûte d'argile.

> **Mettre en scène le sirop de baobab, du set design aux gestes en passant par les matières, pour que nos sens s'imprègnent de sa rondeur, de sa douceur.**
> **Julie Rothhahn**

Dragon

LA DANSE DU DRAGON : BIEN PLUS QU'UNE EXPÉRIENCE GUSTATIVE, UN VÉRITABLE VOYAGE EN CHINE, AVEC DES SAVEURS UNIQUES.

Expérience dragon

- 50 ml de sirop de gingembre 1883
- 40 ml de baiju (eau de vie chinoise aux céréales) infusé à l'osmanthe
- 80 ml d'infusion de thé milky oolong (thé oolong vert avec un arôme naturel de lait)
- 2 kumquats frais pilés
- 15 cl de lait de sésame noir

POUR LE BAIJU INFUSÉ À L'OSMANTHE :

- 1 bouteille de baiju (700 ml)
- 10 g de fleurs d'osmanthe séchées

Laissez infuser à température ambiante pendant 48 heures et filtrez à la passoire. Conservez à température ambiante.

POUR LE LAIT DE SÉSAME NOIR :

- 500 ml de lait entier
- 4 cuillères à cocktail de sésame noir réduit en poudre

Laissez infuser le sésame à chaud dans la casserole pendant une vingtaine de minutes. Filtrez à la passoire et conservez au frais.

Mélangez tous les ingrédients à l'exception du lait de sésame noir pour obtenir environ 1 litre de mélange, puis versez celui-ci sur les 15 cl de lait. Il est très important de verser le mélange sur le lait et non l'inverse. Mélangez puis filtrez à la passoire très fine pour obtenir une clarification avec le caillage naturel du lait.

Pairing : Accompagnez le mélange d'une meringue à la vanille, au gingembre et au charbon médicinal, dont la texture évoque la peau d'un dragon.

Cette boisson a la noblesse du dragon, des grandes murailles et des palais impériaux... Fumée d'énergie puissante. Le dragon s'éveille, une odeur envoûtante de gingembre monte et s'échappe dans l'air.
Elle souffle sur le monde, parfois lentement, parfois avec la rondeur du tai-chi, parfois follement comme une langue de feu. Révélation des boissons sous l'effet du flash de feu. Effet instantané qui surprend, émerveille puis donne l'envie de déguster. C'est une offrande qui se dévoile mais ne se révèle jamais complètement. Effet d'amertume, légèrement piquante, et goût de la torréfaction, du fumé en bouche. Odeur parfumée et envoûtante.

> **Un vrai *show* sensationnel : on pousse l'immersion à l'extrême. On crée une empreinte émotionnelle unique.**
> **Matthias Giroud**

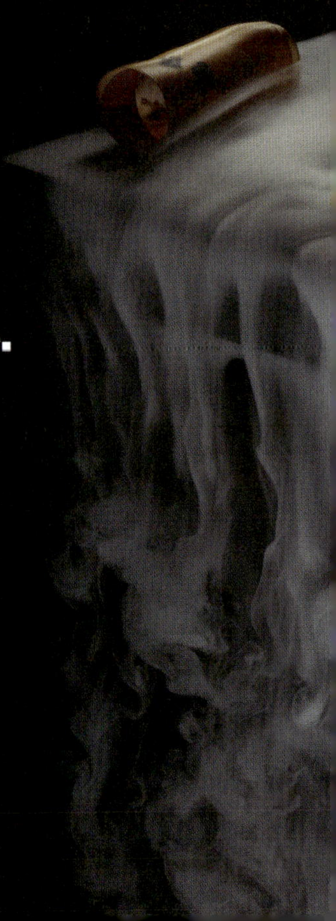

1883
MAISON ROUTIN
FRANCE
SIROP / SYRUP
GINGEMBRE
GINGER
1L - 33.8 FL OZ

Premier moment :

LE TEMPS DE LA MONTÉE DE SÈVE, DE L'ÉNERGIE QUI SE DIFFUSE DANS LE BOIS

- 30 ml de sirop de fleur de cerisier 1883
- Chiffon cake à la framboise coupé en 4 parts
- 10 ml de jus de yuzu
- 50 ml de saké japonais redistillé aux feuilles de shiso

Mêlez tous les ingrédients dans un verre à mélange. Versez le cocktail dans un goutte-à-goutte et déposez celui-ci au-dessus du gâteau.

POUR LE SAKÉ JAPONAIS REDISTILLÉ AUX FEUILLES DE SHISO :

- 1 bouteille de saké (700ml)
- 20 g de feuilles de shiso fraîches (plante à la saveur herbacée, entre la menthe et le basilic)

Mixez le tout. Si vous disposez d'un évaporateur rotatif (Rotovap), mettez-y le mélange, réglez sur un bain de chauffe à 40°C, puis un refroidissement à 0°C, avec une rotation à 220 et un vide pression à 35 (final). Distillez et conservez à température ambiante pendant 30 minutes avant de filtrer. Sinon, optez pour une autre méthode de distillation traditionnelle.

> **Faire vivre : le temps, le silence, la lenteur.**
> **Nir Chouchana**

Sakura

UN RITUEL, UN HAÏKU LIQUIDE EN TROIS TEMPS, UNE CÉRÉMONIE SENSORIELLE POUR CÉLÉBRER LA VIE AU RYTHME DE LA FLORAISON DES CERISIERS AU JAPON.

Cette création est ici donnée dans sa version « expert », mais elle peut aussi servir d'inspiration pour des associations plus simples à réaliser.

Des fleurs de cerisier,
Mouillées par des nuages,
Autour de la cloche du temple.
Haïku de **Masaoka Shiki**

C'est une contemplation poétique, un moment sacré et un enchantement éphémère qui nous rappellent à l'instant présent dans toute sa légèreté et sa beauté… Car prendre un cocktail, c'est prendre le temps.

C'est un origami de saveurs, une parenthèse de plaisir et de délicatesse qui s'ouvre sur la montée de la sève dans l'arbre au printemps.

Premier moment : laissez-vous aller à la lenteur, tandis que le sirop, goutte à goutte, infuse dans le gâteau comme la sève réveille l'arbre au printemps. Savourez les saveurs végétales, aromatiques et astringentes qui se mêlent à la texture veloutée, moelleuse et aérée, et construisent une délicate architecture de saveurs.

Deuxième moment : observez l'apparition de la floraison, alors qu'une nostalgie douce s'empare du palais presque endormi… Doucement, l'infusion se pare d'une belle couleur rose et s'épanouit dans les notes végétales et gourmandes de l'arôme de fleur de cerisier.

Troisième moment : chaque gorgée, comme la chute des pétales, égrène le temps qui passe… Saupoudrez le chocolat à la manière des fleurs qui s'envolent au vent, et savourez les notes végétales de la pomme Fuji, dont la fraîcheur rappelle celle du mont sacré.

Deuxième moment :

LE TEMPS DE LA FLORAISON

- Spray de sirop de fleur de cerisier 1883
- 300 ml d'eau chaude
- 10 g de poudre de rooibos

POUR LA CAFETIÈRE SIPHON DE ROOIBOS :

Réalisez le siphon en laissant infuser le thé pendant 2 minutes. Pulvérisez généreusement du spray de sirop de fleur de cerisier 1883 dans chaque verre avant de servir le thé chaud.

POUR LE SPRAY DE SIROP DE FLEUR DE CERISIER 1883 :

Dilution à 9 volumes de sirop pour 1 volume d'eau.

Troisième moment :

LE TEMPS DE LA CHUTE DES PÉTALES (COCKTAIL À PARTAGER POUR 4)

- 60 ml de sirop de fleur de cerisier 1883
- 60 ml de scrubb de pomme Fuji (pomme rouge très sucrée)
- Glaçons infusés au thé genmaicha (mélange de thé vert et de riz soufflé) et au sirop de fleur de cerisier 1883
- 160 ml de saké japonais
- Chocolat ruby

Incorporez tous les ingrédients dans un mixeur rempli de glaçons infusés au thé genmaicha et au sirop de fleur de cerisier. Mixez puis servez avec une cuillère dans un grand bol. Finissez en râpant le chocolat ruby au-dessus du bol.

POUR LES GLAÇONS « INFUSION DE THÉ VERT GENMAICHA ET SIROP DE FLEUR DE CERISIER 1883 » :

Dans 500 ml d'eau chauffée à 75°C, faites infuser 8 g de thé genmaicha pendant 7 minutes. Puis laissez refroidir et ajoutez 6 cl de sirop de fleur de cerisier. Remplissez votre moule à glaçons avec le mélange et mettez-le au congélateur jusqu'à ce que les glaçons figent.

POUR LE SCRUBB DE POMMES FUJI :

Coupez en tranches 500 g de pommes. Malaxez les pommes avec 5 feuilles de shiso et 300 g de sucre. Laissez reposer 3 jours puis mixez en ajoutant 300 ml de jus de pommes et 5 cl de vinaigre de riz. Conservez et laissez reposer au frais jusqu'à 1 mois.

La gestuelle ancre ce voyage imaginaire dans le réel. C'est une dimension espace-temps cruciale pour que le souvenir soit puissant.
Nir Chouchana

Flash-back

Commencez par fermer les yeux et replongez au-delà de l'enfance, avant même le souvenir. Sentez la douceur et la rondeur, la sensation onctueuse et réconfortante d'un lait caramel. Prenez la cuillère de chocolat caramélisé et trempez-la dans du lait puis dans la poudre de lait torréfiée. Remuez votre boisson avec la cuillère puis croquez...
Laissez-vous ensuite tenter par le retour au temps de l'enfance. Le plaisir coupable de la sucette au caramel, le bonbon chéri alors retrouvé, enfin. Trempez cette sucette dans l'infusion de genmaicha et remuez bien le sirop de caramel, qui explose alors en bouche et sert de machine à remonter le temps. Le croustillant des corn flakes craque sous la dent. Vite, il faut finir avant que les céréales ne ramollissent !
Enfin, bienvenue dans l'âge adulte avec une expérience simple et complexe à la fois. Un sirop de caramel, roi du cocktail, avec une touche de rhum cubain, de jus de pomme et de citron vert, le tout clarifié au lait d'orge toasté maison...

RÉGALEZ-VOUS DE NOSTALGIE ET DE BIENVEILLANCE AVEC CETTE MADELEINE DE PROUST. BOL BÉBÉ, ENFANT ET ADULTE : TROIS RECETTES POUR UN RETOUR VERS LA DOUCEUR.

Bol bébé

- 20 ml de sirop de caramel 1883
- 40 ml d'infusion de lait d'avoine

Chauffez le lait d'avoine à l'aide de la buse vapeur du percolateur et ajoutez-y le sirop de caramel. Laissez reposer quelques minutes avant de remuer délicatement. Versez dans un petit bol. Vous pouvez servir avec une cuillère réalisée en caramel, enrobée dans du chocolat à pâtisser.

Bol enfant

- 20 ml de sirop de caramel 1883 + sirop pour enrober les corn flakes
- 6 g de genmaicha en poudre (mélange de thé vert et de riz soufflé)
- 70 ml de lait d'amande
- Corn-flakes

Mélangez 6 g de genmaïcha en poudre avec le sirop jusqu'à obtention d'une pâte. Versez le lait d'amande très chaud dessus et laissez infuser au maximum 2 minutes, avant de filtrer à travers un chinois. Ajoutez le sirop de caramel puis servez chaud. Collez des cornflakes concassés avec du sirop de caramel sur le bord du bol.

Bol adulte, punch clarifié

- 20 ml de sirop de caramel 1883
- 40 ml de rhum Eminente
- 10 ml de jus de citron vert
- 50 ml de jus de pomme non filtré
- 15 cl de lait d'orge toasté

POUR LE LAIT D'ORGE TOASTÉ :

- 500 ml de lait entier
- 100 g d'orge

Toastez l'orge au four à 180°C pendant 20 minutes environ. Laissez infuser l'orge toasté dans le lait chaud à la casserole pendant une vingtaine de minutes. Filtrez à la passoire fine et conservez au frais. Mélangez le rhum, le sirop, le jus de citron et le jus de pomme. Versez sur le lait votre mix cocktail (très important : versez le mix sur le lait et non l'inverse). Mélangez et microfiltrez doucement avec un filtre à café pour la clarification avec le caillage naturel du lait. Servez dans un gros bol, accompagné d'une paille en vanille (gousse de vanille vidée, enrobée de caramel puis séchée au four).

Vertical

DEUX BOISSONS VERTIGINEUSES QUI SONT UN CONCENTRÉ D'ÉNERGIE ET DE SENSATIONS FORTES, QUI ÉVOQUENT L'ACIER, LE VERRE. UNE SKYLINE SPECTACULAIRE POUR UNE QUÊTE DE VERTICALITÉ.

Voir la vie de très haut, survoler l'espace et le temps comme des héros des temps modernes. Penser XXL. S'envoler et passer le mur du son ! Il y a du *roller-coaster* dans cette dégustation. Prêt à découvrir la potion du héros avec une expérience visuelle et gustative unique ? Pour cela, versez doucement le premier mix de sirop de tonic, concombre, citronnelle et citron vert sur la vodka infusée aux fleurs de pois papillon et aux boutons de fleurs de Sichuan. Ensuite, c'est le moment de plonger dans un second verre surprenant aux notes électriques. La complexité du sirop de tonic mixée avec celle du café d'Éthiopie et ses notes acidulées procure dans ce breuvage extrêmement simple une richesse d'émotions hors norme. La pétillance donne une sensation de fraîcheur accrue par les notes douces-amères du tonic.

> **Un goût ascensionnel. Celui qui déguste déploie ses ailes pour happer le présent et défier les lendemains incertains.**
> **Matthias Giroud**

PREMIER VERRE :

Potion du héros

- 10 ml de sirop de tonic 1883
- 50 ml de vodka infusée aux fleurs de pois papillon et boutons de fleurs de Sichuan
- 2 tranches de concombre pilées
- 3 cm de bâton de citronnelle pilé
- 20 ml de jus de citron vert frais + zeste

Versez la vodka infusée dans un verre tumbler, et ajoutez un glaçon transparent. Dans un verre à mélange, pilez le concombre et la citronnelle, puis ajoutez le sirop de tonic et le jus de citron vert. Filtrez le mélange. Terminez avec un zeste de citron vert.

POUR LA VODKA INFUSÉE :

- 1 bouteille de vodka (700 ml)
- 6 boutons de fleurs de Sichuan
- 5 fleurs de pois papillon

Pilez les fleurs de Sichuan et mélangez-les à la vodka. Laissez infuser à température ambiante pendant 48 heures et filtrez à la passoire fine. Ajoutez les fleurs de pois papillon et laissez infuser 30 minutes à température ambiante, puis filtrez de nouveau. Conservez à température ambiante.

SECOND VERRE :

Nitro-tonic espresso

- 20 ml de sirop de tonic 1883
- 100 ml d'espresso éthiopien
- Zeste de citron pour décorer

Versez tous les ingrédients directement dans le siphon à *cold brew nitro*. Mettez sous pression avec du CO_2 et réservez dans un seau à glace. Servez directement sur un grand glaçon dans un verre tumbler.

Pairing : Ce cocktail peut être servi avec des tuiles de concombre déshydratées au four et un gel préparé avec un mélange de citron vert et sirop de tonic, poivre de Sichuan, le tout déposé sur une tuile de concombre frais pimenté au poivre de Sichuan.

> **L’intensité du tonic habille l’expérience : énergisant, booster.**
> **Hélène Miralles**

Il faut souffler l'histoire de Madeleine au creux de l'oreille de nos invités. À la manière d'un écrivain, on écrit le conte en même temps qu'on le déguste. Il était une fois...
Alexis Bloch

À l'aube :

ESPUMA DE CAFÉ LATTE TIÈDE COLOMBIE PARAISO

- 40 ml de café de Colombie Paraiso double fermentation en anaérobie, ou de très bon café colombien additionné de quelques gouttes de bitter à la pêche
- 200 ml de lait

Dans un pichet, mélangez le lait et le café, faites mousser le tout directement à la buse vapeur du percolateur puis versez jusqu'au tiers de la tasse. Complétez avec de la mousse, en la déposant à la cuillère. Servez avec une madeleine.

Mademoiselle Madeleine

TROIS MOMENTS DE LA JOURNÉE DE MADELEINE DEVIENNENT DES DÉGUSTATIONS GOURMANDES, DE L'AUBE JUSQU'AU SOIR, TRADUISANT LE CHIC INIMITABLE DE PARIS, TEINTÉ D'IMPERTINENCE.

C'est d'abord le souvenir d'une petite robe au chic parisien, un pur parfum de France. Madeleine, délicieuse et gracile, traverse la journée d'un pas léger, dansant au petit matin dans les allées du parc des Tuileries, parlant de tout et de rien à la terrasse d'un café, avant de célébrer la vie et les jours heureux devant la tour Eiffel dont les lumières éclatent comme des bulles de joie, sur un air de bal bleu blanc rouge.

Cet hymne à la vie se raconte en trois dégustations. À l'aube, Madeleine se réveille en douceur avec un cappuccino tiède qu'elle aura remué pour sentir les arômes de pêche, de chocolat au lait et de vanille qui s'en dégagent. Puis vient le délicieux goûter de 16 heures : Mademoiselle Madeleine savoure un chocolat ruby naturellement rose, comme ses joues. Enfin, la journée se termine en fête avec la douceur du sirop de madeleine travaillé en double texture liquide et mousseuse, la magie des bulles de champagne, la complexité du vermouth dry et la touche d'acidité du verjus.

À 16 heures :

CHOCOLAT CHAUD ROSE, CRÈME FOUETTÉE LÉGÈRE AU SIROP DE MADELEINE

- 60 g de chocolat ruby en poudre (chocolat rose)
- 200 ml de lait chauffé
- Madeleine réduite en poudre
- Chantilly au sirop de madeleine 1883

POUR LA CHANTILLY AU SIROP DE MADELEINE 1883 :

- 7 cl de sirop de madeleine 1883
- 250 ml de crème entière liquide

Réalisez la chantilly au siphon.

Décorez le bord d'une grande tasse avec une madeleine réduite en poudre, torréfiée à 140° pendant 30 minutes puis tamisée. Collez la poudre sur la tasse avec du sirop de madeleine. Chauffez le lait mélangé au chocolat directement à la buse vapeur du percolateur. Versez à hauteur du tiers de la tasse. Complétez avec la chantilly de madeleine puis saupoudrez de poudre de chocolat rose.

À 21 heures :

LE CRÉPUSCULE ET LA NUIT

- 10 ml de sirop de madeleine 1883
- 50 ml de vermouth dry Routin
- 10 ml de verjus
- 30 ml de champagne
- Mousse de champagne madeleine
- Une feuille d'or alimentaire rose

POUR LA MOUSSE DE CHAMPAGNE MADELEINE :

- 50 ml de sirop de madeleine 1883
- Siphon à mousse de 500 ml
- 250 ml de champagne sans gaz
- 100 ml de lait entier
- 50 ml de crème liquide

Mettez tous les ingrédients dans le siphon. Agitez puis incorporez une cartouche de gaz. Conservez au frais.

Incorporez tous les ingrédients dans le verre à mélange à l'exception du champagne et de la mousse. Remuez puis filtrez dans la coupe à champagne. Ajoutez le champagne, puis la mousse de champagne madeleine. Terminez en déposant une feuille d'or rose sur la mousse.

> **On devient Madeleine. On l'incarne. On ressent toutes les émotions, les moindres sensations : bulles de joie, notes impertinentes et envies révolutionnaires.**
> **Mehdi Favri**

Remerciements

Merci à Isabelle Wolf et Hervé Devineau. Nous tenons à remercier particulièrement Larry Skoller pour son enthousiasme et les recherches qu'il a menées sur l'histoire du cocktail entre Chicago, New York, Londres et Paris.
Tous nos remerciements à l'équipe 1883, impliquée et présente auprès de nous tout au long de ce projet. Merci à vous tous pour les mille et une anecdotes qui font la richesse de ce livre.

Margot Bergerol
Caroline Borga
Marion Cottin
Mathias Cusset
Marion Duband
Valérie Lagrange
Carole Léoni
Benjamin Perisse
Pauline Rault
Mélissa Roux
Laurine Saudrais
Baptiste Voguet-Sandon

Merci également au collectif Drink Design, pour leur énergie et leur implication.

Le collectif Drink Design

Matthias Giroud
Chef mixologue français mondialement reconnu et co-fondateur de l'Alchimiste Group, il s'inspire de l'univers de la nature et des grands chefs avec qui il collabore, pour créer des expériences sensorielles uniques et imaginer les saveurs de demain.

Julie Rothhahn
Designer culinaire depuis près de 20 ans Julie crée des expériences, installations, performances, dîners immersifs, carnets d'inspiration, avec le comestible au cœur de chaque création.
Elle coordonne également le Master Design & Culinaire de l'École d'Art et Design de Reims.

Nir Chouchana
Barman et barista plusieurs fois récompensé, il a ouvert en 2002, le bar du Park Hyatt Paris Vendôme avant de fonder deux sociétés spécialisées dans l'événementiel, la formation et la création de bars.

Mehdi Favri
Chef spécialisé dans le végétal et l'écologie, touche-à-tout curieux et passionné, Mehdi a inauguré au printemps 2022 Maslow, son restaurant, où il propose une cuisine décomplexée et gourmande, sans viande ni poisson.

Alexis Bloch
Comédien, metteur en scène, auteur, enseignant : son profil est façonné par le théâtre et l'art de l'éloquence. Il commence comme assistant metteur en scène avant d'enseigner un temps l'improvisation au Cours Florent puis à l'Université. Aujourd'hui, il écrit et met en scène ses propres spectacles.

Hélène Miralles
Des collections sur-mesure aux éditions limitées en passant par des parfums exclusifs ou des best-sellers, elle est au cœur de l'excellence et de la créativité de 1883-Maison Routin depuis plus de 30 ans.

Crédits photographiques

Adagp Paris, 2023 : 103.

Adobe Stock : tmn, 7 ; Susana Marques, 11 (haut) ; RetroClipArt, 13 (gauche) ; vichly4thai / Sergey Kohl, 13 (droite) ; Warpedgalerie, 14 (centre) ; Erica Guilane-Nachez, 17 (haut) ; MoreVector 24 (haut) ; idok-L, 25 ; amorroz 31 (bas) ; Maestro, 33 (haut) ; fesenko, 40 (bas) ; yewkeo, 42 ; jackreznor, 48 ; Alina, 52 ; Isaias, 54 (bas) ; snaptitude, 58 ; b-susann-k, 72 (haut) ; lynea, 74 (haut) ; Paul Kovaloff, 83 (haut) ; Mario Savoia, 85 (haut) ; 5ph 85 (bas) ; janvier, 88 (bas) ; Elenathewise, 89 (gauche) ; Barbara Helgason, 91 (centre) ; sunspire, 104 ; nicknik, 106, 111.

Alamy : 43.

Akg images : 22, 37 (bas), 39, 47 (haut) ; Archivio Cameraphoto Epoche : 29, 50.

Antoine Laffolay : 82, 96.

Aurimages : 61, 69, 88.
Bridgeman Images : 14 (centre), 18 (haut), 19, 24, 32, 46, 53, 54 (haut), 56 (haut), 76, 78, 91, 92, 94, 99.

Christie's Images/Bridgeman Images : 103.

Collection Christophel/ Underwood Archives : 10, 79 ; The Granger Collection : 10 ; Heritage Images : 12, 18 (bas) ; Paramount : 20, 45 ; Warner Bros : 26 ; Rezo Films : 33 ; RKO Radio Pictures : 62 ; Eon Productions : 64 ; Ashton Productions Inc : 65 ; Polygram : 66 ; United Artists : 68 ; Universal, 70, 71 ; Gaumont : 74 ; AMC Productions : 75 ; Century Fox : 80 ; Brio Films : 81.

CCO/ Paris Musées : 101.

Darren Star Productions : 38.

Getty Images : 89.

Photo 12 : 34.

Shutterstock : 21, 27, 47 (bas).

Wikimedia Commons : 56 (bas).

Matthias Carpentier/ Les gens et vous : 107, 108, 109, 110, 115, 116, 118, 121, 122, 125, 127,

Studio picabel : 4, 16, 23, 25, 30, 35, 36, 37 (haut), 41, 44, 46 (gauche), 55, 57, 67, 70 (haut), 73, 83, 87, 90, 95, 97, 102, 112, 129, 130, 133, 134, 136, 139, 140,

Les plus belles histoires n'ont pas de fin, elles invitent le lecteur à poursuivre le voyage et à imaginer toutes les futures aventures possibles. L'histoire des cocktails ne fait pas exception, et nous espérons avoir donné envie à tous les lecteurs d'inventer eux-mêmes leurs propres expériences de cocktail et de s'approprier en toute liberté cet art extraordinaire, sans complexe ni frontières. Et maintenant, comme disait Marilyn Monroe dans *Certains l'aiment chaud*, « Bring the shaker ! »

#lisez! engagé
www.lisez.com
Pour plus d'information :
Imprimé sur du papier issu de forêts gérées durablement.

Achevé d'imprimer en novembre 2023
par Estimprim
ZA La Craye - 25110 Autechaux